米中激突と日本

そして世界が中国を断罪する

古森義久
Yoshihisa Komori

ビジネス社

はじめに

人類の長い歴史でも二〇二〇年は、中国発の新型コロナウイルスが全世界を襲った特殊な年として記録に残されるだろう。日本にとっても同様である。

少なくとも第二次世界大戦後の日本の歴史で、これほどの大異変が起こったことはない。なにしろ国際的な感染が始まってちょうど半年の二〇二〇年七月下旬の現時点で、全世界の感染者は千五百万人を越えた。死者は六十二万人である。

感染者のもっとも多い国は上から順にアメリカ、ブラジル、インド、ロシアなどとなった。アメリカは感染者四百四万、死者十四万以上である。超大国アメリカにとって朝鮮戦争とベトナム戦争の戦死者の合計の一・五倍という死者が半年の間に出てしまったのだ。

日本も感染者二万五千人を超え、死者も一千人以上となった。感染者の数では全世界五十七位と高くはないが、発生国の中国は別として東アジアでは日本が最大の被害国である。しかも初期には中国を除いて、日本が世界最多の感染者を出していたこともあったのだ。

私はここ半年間、この邪悪で危険なコロナウイルスが国家、社会、そして個々の人間を傷つけ、苦しめ、さらには殺戮《さつりく》していく過程をアメリカと日本の両方で目撃してきた。私自身も職業活動でも私生活でも望まない拘束を強いられ、コロナ禍のひどい被害を体験してきた。

悪夢と呼んでもまだ足りない。想像もできなかった人類の惨劇であり、悲劇だった。

しかもコロナウイルスが世界的に猛威をふるう疫病のパンデミックとみなされて半年近く、アメリカでも日本でも一時はもうおさまったかにみえた感染の拡大はいまここにきて、再び邪悪な襲撃の波を広げ始めたかにみえる。

なぜこんなことが起きるのか。

私はコロナウイルスの国際的な拡大が始まってから最初の三ヵ月ほどの四月までの状況を観察し、とくに中国の武漢で発生したウイルスがなぜ全世界に広まったのかという点に照準を合わせた考察を本としてまとめた。『新型コロナウイルスが世界を滅ぼす』（ビジネス社刊）という書だった。「世界を滅ぼす」というのは無論、比喩《ひゆ》的な表現だ。

だがその時点からわずか三ヵ月後の七月には感染者が当時の十倍以上、死者も十倍近くへとふくれあがった現実をみると、この人類の「見えない敵」は恐ろしい攻撃を果てしなく強めているようにもみえる。

では少なくとも当面、猛威をさらに強めるコロナウイルスは世界をどう変えたのか。やがては訪れるコロナ後の世界では、どのような国際関係、国際秩序ができるのか。コロナ後までの長く苦しいプロセスでは世界はどう動くのか。

その新情勢のなかで日本はどうなるのか。こうした疑問への答えの模索が本書の意図である。

今後の世界がどう変貌していくにせよ、そのうねりの基調となるのはまず超大国アメリカの動きだろう。アメリカではコロナウイルスの被害が広がることに比例するように、中国への敵意が強まってきた。

アメリカにとって近年の中国は、第二次大戦後の新時代にアメリカが主導して築いた国際秩序を根柢から崩そうとする危険な存在として膨張してきた。だからトランプ政権は野党の民主党の同意をも得て、中国への対決や抑止の姿勢を強めていた。

米中対決とはっきり呼べる状況下で、中国発のコロナウイルスがアメリカを襲い、全身を切り刻むような打撃を与えた。アメリカはさらなる敵意や憤慨を中国に向けるようになった。この潮流はコロナ後の世界を展望しても、変わらないように思える。

これからの世界の新情勢では、当然ながら中国の動向もカギとなる。

中国は単に世界第二の経済大国というだけでなく、このコロナウイルスを発生させた国である。しかもかねて既成の国際秩序を揺るがせる異端な動きをとってきた大国でもある。

中国はさらにコロナウイルスの発生源でありながら、自国内の感染をいちはやく克服したと宣言した。実際に七月下旬の時点で感染者数は八万三千人で世界第二十六位、死者も四千六百人と発表した。中国はアメリカ政府のウイルス対策を失敗と断じ、その無能を宣伝するようにさえなった。アメリカはさらに反発し、中国への対決や関係の切り離しまでを語るようになった。

米中関係はまちがいなく、かつてない激突へと疾走しているのである。

アメリカが明示する中国への非難は、じつはヨーロッパやアジアの他の多数の諸国にも広がってきた。イギリスやオーストラリア、インド、ベトナムといった諸国が反中国の姿勢を強めるようになったのだ。

その意味ではコロナ激化、コロナ後の国際関係では「中国対世界」に近い構図が生まれそうな気配も濃いのである。この対立の構図は政治や安全保障だけでなく、経済から普遍的価値観にいたるまでの領域を含むのだ。

では日本はどうなのか。

中国の武漢で発生した新型コロナウイルスは、日本にも猛烈な勢いで襲いかかった。そして国家の、社会の、個人の機能をめちゃくちゃにした。その原因を生んだ中国との関係は、日本政府が意図しなくても変わっていくだろう。同盟国のアメリカが明確に中国を敵視するようになったのだ。しかも民主主義の価値観を共有するオーストラリア、イギリス、インドという諸国までが中国に険しい構えをみせるようになる。日本への影響は避けられない。

本来、日本と中国の間には経済の絆と対照的に、尖閣《せんかく》問題という厳しい対立の現実が存在してきた。中国は日本固有の領土の沖縄県石垣市の尖閣諸島を勝手に自国領だと宣言し、武装艦艇を連日、日本の領海や接続水域に侵入させているのだ。そして武力を使ってでも尖閣諸島を奪取する構えを固めている。中国政府は日本がコロナウイルスの被害に苦しむ最中に尖閣への軍事がらみの攻勢を一段と強め始めた。

日本にとっては国難とも呼べる危機なのである。

だから日本はコロナ危機を契機に、従来の中国への政策を根幹から再考せざるをえない状況へと追いこまれたともいえよう。コロナ激化の期間、そしてコロナ後の時代の対中関係のあり方ということである。

総括すれば、本書ではコロナウイルス大感染を背景としての米中両国の激突、さらにはヨーロッパやアジアの他の諸国の対中硬化の状況を報告しながら、日本にとっての意味の考察を試みた。

なお本書の企画や編集に関して、ビジネス社の唐津隆社長からの適確なご支援を得たことに感謝の念を表明したい。

二〇二〇年七月

古森義久

もくじ

第三章　トランプのウイルスとの苦闘

第四章　トランプのメディアとの戦い

第五章　アメリカ官民一体の中国敵視の構造

第六章　中国の大攻勢

第七章 中国のマスク外交の失態

第八章　アメリカの対中軍事抑止

第九章　コロナウイルスは世界をどう変えるか

第十章　日本は中国にどう対するべきか

第一章　アメリカの対中新政策とは

世界を一変させたウイルスの脅威

中国の武漢で発生し、全世界を襲った新型コロナウイルス大感染は世界をどう変えるのか。もともと自分の国には存在しなかった危険きわまるウイルスが外部から侵入し、あっというまに広まって多数の国民が倒れ、国家の機能は麻痺《まひ》したのだ。どの国にとっても、天地がひっくり返るほどの異常事態だった。

その結果、世界はすっかり変わってしまうのか。すでに変わったのか。それともそれほどは変わらないのか。日本はどうなのか。変わるとすれば、なにが変わるのか。

私たちはこうした課題を考えなければならない。ただし感染被害を受けたどの国にとっても、当面は自国民の生命を守るための治療や防疫が最優先課題であろう。だが同時に、こんな事態がなぜ起きたのか、再発を防ぐにはなにをすればよいか。こうした疑問を突き詰めて考えることも必至となってくる。

邪悪なウイルスの猛威がややおさまったようにもみえる二〇二〇年夏のいまこそ、私たちは立ち止まって考えねばならないだろう。どの国にとっても、さらには人類の現代史でも例のないこのウイルス大感染の結果、世界はどう変わるのか。これを真剣に考えて、解答を求める努力なしには私たちには進歩はない。

どんな国際秩序が生まれるのか。その新世界にどう対応すべきか。総括すれば、この二つの問いへの探索である。コロナウイルス後の世界を考える際の指針は、この二点をまず考えることを迫られるのだ。

その世界の変化を知る最大指針は、やはり超大国アメリカの動きだろう。

アメリカは期せずして中国発のコロナウイルスの世界最大の被害国となった。七月下旬の時点で感染者は三百九十六万、死者十四万三千、いずれも全世界中でも突出した数である。世界全体の感染者の三分の一近くがアメリカ一国なのだ。感染者、死者いずれもが発生国の中国の四十倍にも達してしまった。アメリカ人の死者数では朝鮮戦争とベトナム戦争の戦死者の合計を超えてしまったのだ。

ドナルド・トランプ大統領はこのウイルスとの闘いを「見えない敵との戦争」と特徴づけてきた。そして五月中旬には、「その被害は日本軍によるパールハーバー攻撃よりも、イスラム過激派による9・11同時多発テロよりもひどい」という苦渋の言葉を述べるにいたった。

建国以来、実際の戦争に完全に敗北したことがなく、つい最近まで国内経済の超好況を全世界に向けて誇ってきた超大国アメリカがいまでは満身創痍《まんしんそうい》。邪悪なウイルスにずたずたに引き裂かれ、国家や社会の機能がなかば麻痺《まひ》という異様な状態となったのだ。

国家としても国民としても、信じられないほどの苦痛で悲惨な屈辱の事態に追いこまれたのである。私自身はこのアメリカでのコロナウイルス感染の爆発的な広がりを首都ワシントンにいて目撃し、体験した。その体験の詳細は『新型コロナウイルスが世界を滅ぼす』（ビジネス社刊）という拙著でも報告した。

アメリカから読み解く大感染の意味

世界が一夜にして変わってしまった——。こんな表現が決して誇張ではないほど首都からみてのアメリカ全体の様子は激変してしまった。三月冒頭でもなおワシントンではコロナウイルス感染は別世界の出来事に思えた。アメリカ全体では西海岸のワシントン州とカリフォルニア州で少数の感染者が出ただけで、東海岸は安定した日常だった。

私自身も通常の報道や社交の活動を続けていた。すぐそこまで迫っていたコロナウイルス大感染の爆発的な広がりが始まってからでは考えられない活動もしていた。感染防止上の絶対タブーである「密」中の「密」の行動にかかわっていたのだ。

それは柔道の練習だった。アメリカの首都での「日常」が、いかに一気に「非日常」へと激変したのか、その唐突さを示すためにも、この私自身の体験を報告しておこう。

柔道の世界で輝ける実績を残した井上康生氏が理事長を務める日本の国際柔道普及組織が日米柔道交流プログラムの一環として、二〇二〇年二月なかばからワシントン地区に新たな指導者を派遣してくれた。73キロ級世界チャンピオンになった中矢力選手だった。私はその中矢選手がワシントン地区の柔道クラブで指導するのに付き添っていたのだ。

ちなみにこの日米柔道交流は、もう二十年ほど前から現・日本オリンピック委員会（JOC）会長の山下泰裕氏が主宰した柔道の国際普及組織「柔道教育ソリダリティー」が主体となって始まっていた。アメリカ側の受け手は首都ワシントンの中心にある「ジョージタウン大学ワシントン柔道クラブ」や、ワシントン郊外の「アメリカ海軍士官学校柔道クラブ」だった。山下氏自身もこの地区にきて指導をした。

その後、「柔道教育ソリダリティー」が発展解消して、二〇一九年四月には井上康生氏が中心となる新組織「JUDOs」が後継としてスタートした。その新組織のほぼ最初の国際交流計画として、中矢選手がワシントン地区に送られてきたのだ。

私も長い間、柔道をしてきて、ワシントンでは「ジョージタウン大学ワシントン柔道クラブ」のコーチを務めてきたため、中矢選手に付き添って連日のように柔道の練習に加わっていた。いずれも数十人が集まって、体をぶつけあうスポーツ活動だった。

柔道はコロナウイルス防止において、およそ禁物である。他人との「密」の究極のような活動だからだ。だがアメリカの首都ワシントンでは三月のなかばまで、その種のスポーツ活動をしてもまったく心配はなかった。それほどの日常どおりの状態だったのだ。だがほんの数日の間に想像を超える変化が起きていたのである。

首都ワシントンで初めての感染者が出たのは三月七日だった。連邦議会でも上院議員のなかにも感染者が出た。議会関連の一部の公聴会や集会が中止、あるいは延期となり始めた。西海岸の感染者が大幅に増え、さらに東部に飛び火したかのようにニューヨークでも日に日に感染者が増加していった。だがそれでも私は三月十一日まで中矢選手に同行して、ワシントン地区でアメリカ人の若い男女たちの柔道の練習に加わっていたのだ。

トランプ大統領が国家非常事態を宣言したのは三月十三日だった。首都での大学や公共施設での集いも完全にキャンセルされるようになった。飲食店もいっせいに閉鎖となった。首都の風景も雰囲気も一変した。ホワイトハウス周辺の中心部さえ、昼間からゴーストタウンのようになってしまったのだ。

アメリカでの最初の感染者は、一月二十一日に西海岸のワシントン州で確認された三十代の中国系男性だった。中国の武漢の実家に滞在して在住地のアメリカに戻ったところ、ウイルス感染が判明した。一月二十四日には、イリノイ州のシカゴ在住の六十歳代の中国系女性の感染が確認された。この人物も武漢からアメリカに帰ったばかりだった。このように「武漢→アメリカ」という感染経路が確認されていたのだ。だからトランプ政権は一月三十一日、中国領内で二週間以内の滞在歴のある外国人に対して、アメリカ入国をすべて禁止する措置を断行した。

しかし後からみれば、この措置も遅すぎ、緩すぎだった。一月末までに武漢だけでなく中国各地に広がったコロナウイルス感染者たちが多数、アメリカに入ってきていたのだ。ただしアメリカ国民であれば、二月以降も中国からの帰国が認められた。とにかくアメリカと中国との人間の往来は洪水のようだったのである。

トランプ大統領は三月十三日に国家非常事態の宣言とともに、アメリカと絆の太いヨーロッパ諸国からの入国を三十日間、全面禁止にするという措置を発表した。この時点ではニューヨーク州での感染が爆発の兆《きざ》しをみせていた。中国からヨーロッパへと広がったウイルスが大西洋を越えてスペイン、イタリア、フランスという諸国から入ってきていたのだ。そのうえニューヨーク市の繁華街では、ソーシャル・ディスタンシング（社会での距離保持）をまったく無視する人間集団の密接交流がなお展開されていた。

だから、といえるだろう。アメリカ全体でも非常事態の措置はすぐに実効をあげなかった。アメリカでの感染者は四月、五月と、まさに爆発の連続のような勢いで増え続けていった。死者の急増のカーブが激しい上昇線を続けるばかりだった。

その背景には、日本とは対照的にウイルス感染のＰＣＲ検査が非常に多いという実態があった。五月までに全米で五百万件以上のテストが実施されていた。とにかく最大範囲でテストをして、顕在でも潜在でも感染者をまず発見してから対策をとろうとする考え方だった。

中国との断交まで示唆するトランプ大統領

アメリカがこの爆発的な感染拡大のプロセスで当初から一貫して示したのは、中国への非難だった。そもそもアメリカ国内には、まったく存在しなかった危険なコロナウイルスは、なぜ各地で広まったのかという問い詰めがなされていた。

その自明の答えは「中国からの侵入」だった。同時に中国での発生について徹底した事実解明を求める鋭い視線が向けられていた。当然ながらトランプ政権にとっても、アメリカ国家全体にとっても、もっとも切迫した課題は感染者の治療であり、感染拡大の防止だった。

だが同時に「いったいなぜ」という疑問が常に提起されていた。アメリカの官民ともに、中国政府の自国内でのウイルス感染への対処経過にも厳しい視線を注ぎ続けたのだった。

アメリカ側の認識は簡単にいえば、習近平政権は武漢での新型コロナウイルス感染を知りながら、その存在をまず隠した。さらに虚偽の情報を流し、事実を告げようとした現地の医療関係者たちに懲罰を加え、沈黙させた——という骨子だった。

そのカバーアップ（隠蔽）と警告発信者への懲罰と当局発のディスインフォメーション（意図的虚偽情報）のすべてが、結果として感染性の強い危険なウイルスの広がりへの防止策を二ヵ月近くも遅らせて、全世界への感染を招いた——というアメリカの抗議でもあった。

中国側はいまとなってはその抗議を正面から否定するが、当時の武漢での実態は中国側で確認された情報だけでも明白となっていた。総括すれば、中国側での実態はアメリカが指摘したとおりだったのである。

トランプ大統領もその政権も、コロナウイルスの自国内での大感染に突き動かされるように、それまでの中国に対する強固な姿勢をさらにエスカレートさせていった。それはもう中国との全面対決、あるいは関係の断絶にも近い大転換を思わせる硬化だった。アメリカの対中態度を、さらに根幹で変えるような動きをみせ始めたわけだ。

トランプ大統領は五月に入って、公開の場で次のような発言をした。

「コロナウイルス感染は、そもそもアメリカ国内では決して起きるべきではなかった。発生源である中国の内部で阻止できたはずなのだ。だが阻止されなかった。そのことに私は強い怒りを覚える。ウイルスとの闘いはアメリカにとって戦争であり、相手はみえない敵なのだ」（五月六日）

「全世界、そしてアメリカが中国からの疫病に襲われ、計りしれない経済面での打撃を受け、罪のない無数の人間の命を奪われた。

この被害は私が中国との間で貿易の合意をいくら成立させても、たとえ百の合意を作っても埋め合わせとはならない」（五月十三日）

以上のトランプ発言でまず注目されるのは、中国に対して貿易合意よりもウイルス問題の追及がずっと重要だとまで明言した点である。周知のようにトランプ大統領は就任以来、中国への強固な政策をとり、まず経済面で中国側の「不公正な貿易慣行」を是正することを最大目標に掲げてきた。同時に、中国に対してアメリカ歴代政権の「関与政策」を捨てて、中国側の軍事膨張や経済攻勢、人権抑圧まで広範な領域で抑止にあたる政策を強化してきた。米中関係はその結果、対立や競合という方向へ大きく傾いていた。

そんな状況下で起きたのがコロナウイルス大感染だったのだ。

トランプ大統領は感染に関する中国側への非難はもらしながらも、当初は正面からの対中攻撃の言辞は抑制するという感じだった。その最大の理由は三年来の対中貿易交渉で、その「第一段階」が今年一月にやっと合意成立となったためだと推測されていた。

ところがもはや中国に対しては、貿易交渉よりもウイルス問題の対処がずっと重要になったというのである。この点はアメリカの対中政策、米中関係での流れで歴史的とも呼べる変化だ。トランプ政権はウイルス問題で、アメリカにとって満足のできる解決をそれほど強く求めるというわけだ。トランプ大統領はその後、中国に対する発言をさらに険悪にしていった。

次のような発言までが出てきたのだ。

「ウイルス問題での中国への対応にはいろいろな道があるが、対中関係をすべて断交にすることもできる。その場合、アメリカは（対中貿易赤字解消などで）五千億ドルの節約となる。ウイルスの起源についてはアメリカが調査団を送ると伝えたら、中国は断った。中国の感染拡大の原因は愚かさか、無能か、あるいは故意か、自分たちはわかっているはずだ」（五月十四日）

中国との関係を断交するとまで述べたのだ。トランプ大統領は断交を意味する言葉として

cut off という英語を使っていた。文字どおり断ち切るという意味である。

アメリカと中国がその相互の関係を断ち切ってしまう。そんなことは実際にはできないだろう。だが言葉のはずみにしても、誇張にしても、とにかくそんな表現がアメリカ大統領の口から出てきたのである。トランプ大統領はさらに六月中旬にも自分自身のツイッターで同じように強硬なことを述べたのだった。

「アメリカにとってはさまざまな条件下で、中国との間で完全な切り離しをするという政策上の選択肢が依然、存在するのだ」(六月十八日)

トランプ大統領はこの際に「完全な切り離し」という表現には complete decoupling という英語を使っていた。手をつなぐカップルであることを完全に止めてしまうという意味である。前述のトランプ発言と同じように「断交」と解釈してもよいだろう。

要するにアメリカ政府の中国に対する認識はここまで悪化してしまったのだ。

対中国政策の大転換を示した公文書

ではトランプ政権全体としては、公式の政策面で中国に対してどんな姿勢をとるようになったのか。その全体像をわかりやすく、かつ詳細、具体的に示す最新資料を紹介しよう。

アメリカ政府は二〇二〇年五月末、連邦議会に対して対中国政策の総括を改めて宣言する公文書を送った。その内容は中国が「経済」「価値観」「安全保障」の少なくとも三分野でアメリカの敵に等しい脅威となり、アメリカ主導の国際秩序を根底から壊そうとしていると断じていた。同文書はその結果、アメリカは政府全体として中国と対決し、その野心的な動きを抑えるという基本方針を明示していた。

アメリカ側からみての米中全面対決新時代の公式宣言ともいえるが、日本など同盟諸国と連携して対中抑止を表明している点で、日本の対中政策にも大きな影響を及ぼすことは確実である。

この公文書は「アメリカの中国に対する戦略的アプローチ」と題されていた。上下両院に五月下旬に送られた同文書は、アメリカ政府全体が中国への新たな対決姿勢をとるにいたり、そのための多様な政策を立法府である議会が認めることを要請する目的だとされていた。いわば行政府が新対中政策の骨子を議会に向け、説明したということだった。

この文書はトランプ政権が新たにとるようになった対中強硬政策を改めて中国発の新型コロナウイルスのアメリカ側での被害も踏まえて、集大成の形で解説していた。

十六ページからなる同文書は「序言」「チャレンジ」「アプローチ」「実行」「結論」の五部に分かれている。全体として中国がアメリカに正面から挑戦する脅威的な存在となり、アメリカや日本などその同盟諸国の利益の根幹を侵すにいたったとする厳しい評価を大前提においていた。その内容の概要は以下のようだった。

【序言】

アメリカは一九七九年の中国との国交樹立以来、中国がより豊かに、より強くなればアメリカ主導の国際秩序に加わり、国内的にも民主化を進めるだろうという期待に基づく関与政策を進めてきた。だが、この政策は失敗した。

中国はより豊かに、より強くなったが、共産党政権の非民主的な国内弾圧は強まり、対外的にもアメリカ主導の「開放的で自由で法の支配に基づく民主的な国際秩序」を侵し、周辺諸国にも軍事、政治、経済の各手段で自国の意思を押しつけるようになった。

アメリカ側の狙いは自陣営の価値観や制度を守り、その正当性を証明することと、中国との競合で中国側の制度や価値観の拡大を防ぐことである。またアメリカはインド太平洋では日本やインド、オーストラリアなどとの協力を強め、団結して中国の危険な行動を抑止する。

【チャレンジ】

いまの中国は、以下の諸点でアメリカの国益にとってのチャレンジとなった。

（1）経済的チャレンジ

中国は二〇〇一年から世界貿易機関（WTO）に加盟したが、同機関の規則を守らず、自国の市場や生産構造の不当を改善せず、習近平政権は自国産業への違法の政府補助金供与などの停止を公約したのに止めていない。知的所有権についてもアメリカ企業の知的所有権を違法に使い、盗むことを続けている。全世界の偽造商品の六三%は中国製となった。

中国は「一帯一路」構想を通じて自国の非民主的、不透明な制度を国際的に拡大しようと試みてきた。中国共産党の独特の手法を対外的にも広めようとしている。環境保護でも中国は国際的な合意や規則を無視している。

(2) 価値観へのチャレンジ

中国共産党政権は人間の基本的な権利や自由に関しても、アメリカ側の普遍的な価値観を無視して、自国の特殊な価値観を押し広げようとしている。習近平主席はアメリカの政経システムへの長期の挑戦と否定というイデオロギーの戦いを宣言し、「資本主義は滅び、社会主義は勝つ」などとも言明してきた。

中国共産党はマルクス・レーニン主義に基づく中国独自の政治システムの建設を目標とし、国家や政府を共産党に従属させている。このシステムはアメリカ側の自由な競争や個人の権利に基づく原則と衝突する。

中国は国際的にも中国型の独裁統治を拡大しようとする。その統治は競合政党の駆逐、政治活動家への不当な迫害、市民団体の抑圧、言論の検閲と弾圧など、「習近平思想」が主体となる。

中国共産党は国内統治において新疆《しんきょう》ウイグル地区でのウイグル人に対する組織的な弾圧やチベット人の抑圧、さらにはキリスト教徒、仏教徒、法輪功・気功集団の抑圧などを進めてきた。

中国共産党政権のイデオロギー的画一性の追求は国内に留まらず、アメリカ、オーストラリア、イギリスなどの市民団体、スポーツ組織、学術団体への影響力の行使が目立つ。自国の政治思想を対外的なプロパガンダとして世界の多数の諸国へ発信している。外国のメディアにも圧力をかける。統一戦線工作による諸外国への干渉も目立つ。

(3) 安全保障へのチャレンジ

中国政府は軍事力の行使や威嚇によって黄海、南シナ海、東シナ海、台湾海峡、インド・中国国境などでの自国の利益の拡大を図ってきた。その結果、同じ地域の他の諸国の安全保障を侵し、脅かすこととなる。

アメリカの国防総省は毎年、中国の野心的な軍拡の実態を議会への報告書という形で発表しているが、中国政府が「一帯一路」をも軍事拡張の手段にすると言明したことを伝えた。

習近平政権は「軍民融合」を国策としており、外国の企業も商業的な取引を通じて中国の軍事目的へ寄与させられることが多い。中国の軍事力は、国際的な商業取引の輸送路やサプライチェーンの支配にも利用される。

中国政府は軍事組織を使って他の諸国の情報や通信の技術を盗用し、サイバー攻撃などを実施する。人民解放軍の指令を受けるファーウェイ（華為技術）やZTE（中興通訊）という大企業も他国の安全保障システムに侵入する。

アメリカの対応策までも明言する

アメリカ政府の対中新政策についての公文書は、以上のように中国側の動向を挑戦や敵対という特徴でまとめながら列記していた。中国側のその敵対的な動向がそのままアメリカにとっての脅威だとする認識を経済、価値観、安全保障という三分野に分けて報告したわけだ。

その記述からは、トランプ政権が中華人民共和国という存在を国家同士の根底部分でもはや敵とみていることが明白となる。ただし一国の政府の公文書で、少なくともまだ戦争状態にはない相手国を正面から敵と呼ぶことへの外交的な自粛はあるから、「チャレンジ（挑戦）」とか「衝突」という言葉に言い換えているのだ。同文書はさらに、安全保障ではアメリカ側はどう対応するのかについて、まず基本姿勢として以下のように述べていた。

【アプローチ】

中国は民主主義を貶《おとし》める目的でプロパガンダなどの手法を使い、西側の自由民主主義陣営に関する虚偽の情報を流して、アメリカとその同盟諸国、友好諸国との間の離反を図ろうとする。アメリカの中国のそうした工作への対応は、すでにトランプ政権の「国家安全保障戦略」や「インド太平洋戦略」で明記したように、主権、自由、開放性、法の統治、公正、相互主義という原則に基づく。アメリカはこの原則による国際秩序から中国を排除するわけではない。中国の国民のその種の国際秩序への参加は歓迎される。だが中国政府がその種の原則を無視し、違反する言動を続けているのだ。

アメリカは自由で開放された法の統治に基づく国際秩序を弱め、ゆがめようとする中国の活動を受け入れない。中国共産党の「アメリカはもう戦略的に後退し、国際安全保障の誓約も放棄しつつある」という宣伝を断固、排する。アメリカはそのために価値観を共有する同盟諸国とともに努力を続ける。

アメリカは中国側からの対話のための「前提条件」や「雰囲気醸成」の求めには応じない。シンボルや儀礼のための対中関与には応じない。具体的な結果と建設的な前進だけに価値を認めるのだ。

中国政府は貿易と投資、表現と信仰の自由、政治の自主と自由、航行と航空の自由、サイバー攻撃や知的財産の盗用、兵器の拡散、国際公衆衛生など多数な領域での公約を不履行のままにしてきた。中国との合意には、厳格な検証と執行のメカニズムが欠かせない。

アメリカは中国の国民と率直に話しあい、指導者からは誠実さを求めたい。そのための意思疎通のチャンネルは保ちたい。だからアメリカの対中折衝は国益に基づく選別的で結果志向の関与となる。

【実行】

アメリカ政府は中国に対して、実際には「力に基づく平和」の原則により自由で開かれた世界という目標を目指す。トランプ政権は過去三年余り、中国に対してこの基本に基づく戦略を以下のように実行に移してきた。

(1) アメリカの国民、国土、生き方を守る。

司法省は「中国構想」という方針の下に中国の経済スパイ、対世論工作、政治謀略などを取り締まってきた。ホワイトハウスや国務省はそのために国内の中国の外交官や留学生に新たな規制を課し、中国側の自称ジャーナリストも国家工作員とみなして、新規制の対象とした。

大統領は新たな行政命令によって中国側のアメリカ研究機関への浸透、大学への影響力行使、通信分野への介入、高度技術の盗用などを防ぐ措置をとり、とくに同盟諸国と協力して、中国に関するインテリジェンス取得やサイバー攻撃への対処の強化を図った。

(2) アメリカの繁栄を守る。

アメリカ政府は中国の高度技術や知的所有権の盗用など不公正な経済慣行を終わらせ、アメリカの産業界や労働者、消費者の利益を守る。そのためには中国製品への懲罰的な関税など強硬な手段をとってきた。

アメリカ政府は5G（第五世代移動通信システム）やAI（人工知能）という分野でも中国の不公正な挑戦を排除して、アメリカの優位を保つことに努力する。そのためにはトランプ政権が最近、中国との間でまとめた経済合意の「第一段階」でも中国側の公正な慣行保持に最大の注意を払う。

アメリカ政府は日本と欧州との提携をとくに強めて、中国の国有・国営企業が市場原理をゆがめ、政府の不当な補助金受け入れ、他国企業への不正な技術移転の強制などのような不透明な慣行の排除に全力をあげる。

(3) 力による平和を保つ。

アメリカは中国の驚異的な軍事力増強に対して核戦力の総合的な強化や通常戦力の増強によって抑止力を保つ。中国はとくに中距離ミサイルは世界最大規模を保有するが、アメリカはその管理や削減のための交渉を呼びかける。

中国はサイバー、宇宙でも軍備を強化して、超音速の兵器の開発も顕著だが、アメリカはそれらの分野でも中国を抑止できる能力を確保する。人民解放軍の覇権拡大の動きに対してはアメリカは同盟諸国と連携して、対応する。中国はとくに東アジア、インド太平洋という地域での軍事力大増強による覇権の確立を目指しているが、アメリカは日本などアジアの同盟諸国との連帯を深めるため兵器供与を拡大する。

アメリカは台湾との非公式な関係をさらに増強する。その際にはアメリカの台湾関係法やアメリカ自身の解釈による「一つの中国」の原則に立脚する。

中国の台湾有事に備えてとみられる軍事大増強に対してアメリカは台湾の信頼できる自己防衛体制の構築に支援を続ける。アメリカは二〇一九年には台湾に合計百億ドルを超える兵器を売却した。

(4) アメリカの影響力を拡大する。

中国はなお専制的統治、言論抑圧、汚職、略奪的な経済慣行、民族や宗教の多様性の禁止を続けているが、アメリカは国際的な呼びかけを通じて、それらの抑圧を抑える。アメリカの価値観に基づく影響力の拡大を図る。

トランプ政権はウイグル人、チベット人、仏教徒、キリスト教徒、気功集団の法輪功信徒らの基本的な人権を守るために支援を示してきた。二〇二〇年二月には国務省が初めて「国際宗教自由連盟」の集会を開き、全世界から二十五の国や地域、民族の代表が集まった。

アメリカは第二次世界大戦終結以来の国際秩序の堅持を目指し、その秩序の侵食を図る中国の動向には反対してきた。その流れのなかでは、とくに香港の住民の自由は重要である。トランプ大統領、ペンス副大統領ら政権の高官はみな一様に中国政府に対して国際公約である一国二制度を香港で保つことを要求してきた。


【結論】

アメリカ政府のいまの中国へのアプローチは、世界で人口では最大、経済では第二位の大国に対する理解や対応を根本的に再評価した結果を反映している。アメリカは中国との長期にわたる戦略的な競合を意識して、原則に基づく現実主義に立脚し、アメリカの利益を守り、影響力を広めることに努めていく。

※　※　※

トランプ政権の対中政策をまとめた公文書の要点は以上のようだった。

この記述から明確になるのは、アメリカ側の中国の現在のあり方を認めないとする断固たる姿勢だろう。その強固な対中政策の実行では、日本などの同盟諸国との緊密な連帯が強調されていた。

　こうした中国との対決姿勢では同盟国の日本がアメリカに必ずしも同調せず、米中両国の中間に立って、仲介役を果たすという選択肢をとることはきわめて難しいようである。

対中国政策はどのように実行されているのか

　では以上のようなトランプ政権の中国に対する基本的な姿勢、そして個別の領域での対応方針などは実際の政策としてどう実行されているのか。二〇二〇年七月の時点ですでに実行されている具体的な政策を改めて列記しておこう。議会での動きも一部、含めることとする。
・ウイルス感染に関しての中国政府の責任追及としてコロナウイルスが武漢の研究機関から流出したのか、それとも市場などの他の場所での発生なのか、アメリカ政府として本格的に調査する。
・中国政府の財政面での責任追及として、アメリカが受けた損害への賠償請求を進める。アメリカの議会や民間ではすでに中国当局への訴訟の動きが始まった。トランプ政権としても歩調を合わせる。
・中国政府の不当で不透明な動きに同調した世界保健機関（ＷＨＯ）の責任を問い、拠出金不払いやテドロス事務局長のボイコットによって状況改善を図る。アメリカ議会ではすでに同事務局長と中国政府の関係を癒着とみて調査を開始した。

・中国との経済関与を大幅に減らすための具体的な措置として、アメリカ企業の対中サプライチェーンの削減や中国製品への依存の減少、さらにはアメリカの公共インフラからの中国企業関与の排除を図る。連邦政府退職職員の年金基金も中国には投資しない。

・中国側の反米ディスインフォメーションに対抗するために国務省に新設された「グローバル関与センター」の活動を拡大して、コロナウイルスに関する中国側の情報戦争への反撃を増強する。国連機関への中国政府の進出を監視する。

・中国の軍事攻勢を抑えるための戦略として、米側の国防長官と統合参謀本部議長が二月に発表したアジアでの米軍増強を予定どおりに進める。南シナ海での中国軍牽制のための「航行の自由作戦」の強化も続ける。

このようにトランプ政権は中国への真正面からの対決へと歩み出したといえるのだ。米中関係の地殻的変動の始まりでもあろう。

その変動の理由を改めてまとめてみると、以下のようであろう。

第一にはアメリカ国内でのウイルス感染の想像を絶したような拡大だといえよう。アメリカという国家も国民も、とにかく悲痛で悲惨な被害を受け、それが広がり続けたのだ。

第二には、中国政府のその後の挑戦的な態度だろう。ウイルス感染は「米軍の犯行だ」と主張する。「アメリカの力はもう地に落ちた」式のプロパガンダを連日、発信する。

第三にはアメリカ国内の世論だといえる。五月十三日に報道された全米世論調査では「コロナウイルス感染は中国政府の責任だ」と答えた人が全体の六九％にも達した。識者の間でも最近の中国政府のウイルス感染での対外的態度に「放火犯が消防士に一転した」という酷評が出たほどである。

以上のような「理由」について、それぞれを本書のこれから後の各章で詳しく説明していくこととする。

第二章　アメリカの内政はいま

バイデン大統領誕生は早計である

前章では、おもにアメリカの中国に対する姿勢について報告してきた。トランプ政権の中国に対する新たな対決政策の報告が主体だった。もちろんその基盤には、アメリカの議会や国民の意見が大きく広がっていることにも触れてきた。

しかし二〇二〇年五月から六月にかけて、アメリカ国内で起きた広範な人種問題にからむ抗議活動は、対中姿勢にも大きな影響を及ぼしかねない様相をみせた。その勢いは、とくにトランプ政権への抗議という特徴も示した。同時に各種世論調査では、トランプ大統領へのそれまでの堅固な支持率がかなりの勢いで下降した。いくつかの世論調査で同大統領の支持率は、これまでにない低い水準まで下がるという結果が出た。

一方、民主党の大統領選候補であるジョセフ・バイデン前副大統領への支持率が一気にあがった。三ヵ月後の十一月に迫った次期大統領選挙では、「バイデン勝利、トランプ敗北」という予測までが広まった。

反トランプ勢力にとっては、千載一遇《せんざいいちぐう》のチャンスのようだった。日本のアメリカ通とされる識者たちや、それらの人々の主張を拡散する一部の主要メディアも喜びをちらつかせて、トランプ人気が下降したことを熱をこめて語るようになった。

もしトランプ大統領の敗北という展開となれば、コロナウイルス後のアメリカの国内、対外の姿勢も大きく変わるのではないか。中国に対する対決政策も変わるのではないか。

こうした疑問さえ呈されるようになった。当然の疑問ではあろう。

だがちょっと待て、である。この時点でのバイデン大統領誕生などという予測に確固たる根拠はなにもない。むしろ早計すぎる誤算であることを示す根拠が指摘される。

たとえばバイデン候補への支持率上昇という構図のなかで、まず奇妙なのは肝心のバイデン候補自身がまったく存在感を示していない。コロナウイルス拡大のために動けないという現実もあるが、それにしてもバイデン氏がアメリカ国民に向けて語りかけ、自分の政策を示すという気配がまったくないのだ。

そんななかで同氏の支持率が上がるというのは、やはりトランプ大統領の支持率が一方的に下がっただけだといえよう。大統領選挙での基本となる一対一での対決の結果ではないのだ。そのうえ私が過去、十回ほども報道にあたってきたアメリカ大統領選挙での考察からみても、まだまだ早計である。

選挙キャンペーンのまったく始まっていない投票四ヵ月前の時点での世論調査結果というのは、ほとんど意味がない。とはいえトランプ大統領に対するアメリカ国民の認識に二〇二〇年六月という時点で、なんらかの意味のある変化が起きたことは事実だろう。その変化は全米に広がった抗議運動と密接なかかわりがあることも確実だろう。

だから今回の抗議運動の実態をまずみることが欠かせない。そしてその政治的な意味を考えることが必要である。

抗議行動には暴動と略奪が

この抗議の契機は、五月二十五日にミネソタ州のミネアポリス市で起きた事件だった。白人の警官が黒人容疑者を押さえつけるうちに首を絞め、死にいたらしめた暴行致死事件だった。この警官の行動が「黒人への差別」として大きく報道され、激しい反発を招き、全米各地での抗議デモへと発展していった。日本でも当然、大きく報道された。

「強硬トランプ氏に反発」「首都で平和的抗議に催涙弾」「トランプ氏は挑発的行動」……と、いずれも朝日新聞の記事の見出しだが、もっぱら非はトランプ大統領にあるという論調も目立った。だがアメリカでの実態は異なっていた。

最大点としては、各都市における集会やデモの主体は平和的であっても、かなりの部分が暴動や略奪となった。放火や破壊も起きた。一般の商業施設などが大幅に襲撃され、商品を奪われ、破壊され続けたのだ。よってトランプ大統領の対応も当然、「法と秩序」の維持のために違法行動を取り締まるという基本姿勢をとった。しかも暴動の背後では、暴力革命を唱える過激派左翼組織の動きも明白となっていた。

日本の主要メディアの論調は、例によってアメリカの反トランプ・メディアの基調をなぞって、「トランプが悪いから」という浅薄な非難に傾いていた。つまりトランプ大統領が黒人差別や貧富の格差を強め、そこにコロナウイルスでのこれまたトランプ政権の誤った対応が加わって、アメリカ国内の分裂を深め、黒人など少数民族の不満を増大したために、こんな騒動が起きるのだ――という趣旨だった。ところがその時期にアメリカで起きたことは、こうした趣旨の推測の構図とは異なっていた。

まず今回の騒動の契機となった事件が起きたのはミネソタ州、全米でもっともリベラル色、民主党傾斜が強い地域なのだ。そのミネソタ州で黒人への差別がふだんから顕著だった事実はない。たまたま白人の警官が黒人の容疑者に過剰な力を加えたという単発の犯罪事件だったのだ。

だから暴行事件自体を「トランプ大統領が原因だ」とする主張も憶測も、あまりにも的外れなのである。ましてトランプ大統領が就任して三年半、黒人など少数民族を明らかに差別した政策をとった実例は私の知る限り、まったくない。もしあるのならば提示してほしい。

アメリカの反トランプのメディアが、トランプ氏の片言隻句《へんげんせっく》を捕らえて「トランプは黒人を差別している」と断じるだけなのだ。そしてその断定が日本の多くのメディアで繰り返される。その背景には黒人層は歴史的に民主党支持が多い事実がある。だから黒人のなかでトランプ嫌いという人は多い。

トランプ大統領は黒人を差別していない

かといってトランプ大統領が、具体的に黒人差別の法律や条例を作った事例はないのである。むしろ政権の閣僚や枢要ポストに黒人の男女を起用した実例も多い。たとえばトランプ大統領が政権当初に住宅都市開発省の長官に任命したベン・カーソン氏は著名な黒人の医師である。精神外科医師として実績と名声を築き、共和党支持を表明して政治家に転じた。二〇一六年の大統領選に立ってトランプ氏に挑戦した。もともとはごく平均的な黒人家庭の出身だった。

カーソン氏はその後もトランプ政権の閣僚として活躍し、今回の抗議運動が起きた際にもトランプ大統領とともに鎮静を訴えていた。だがアメリカの反トランプ・メディアは、トランプ政権の黒人閣僚の動きなど、ほとんど報じないのだ。

トランプ大統領はもともと失業率の高い黒人の雇用にも優遇措置を設けて、黒人の失業率を歴史的に低い水準まで下げた実績がある。アメリカ社会のなかで黒人の失業率は歴史的に高い。差別その他の多様の理由による。オバマ政権当初の二〇〇九年には一五%、一六%という高い水準だった。つまり就職率がきわめて低かったのだ。

だがトランプ政権下では、その黒人の失業率が五%台まで下がったのだ。二〇一九年後半の数字である。歴史的にも前例のない低さ、つまり黒人就業率の高さだった。

人間の経済活動で、もっとも重要な側面ともいえるのが「仕事があるか、ないか」だ。つまり雇用であり、就業である。この一事をもってしても「トランプ大統領は黒人を差別した」という非難には、あまりに無理があるのだ。

ただしコロナウイルスがアメリカ全土を襲い、多くの国民の職を奪った二〇二〇年春以降は黒人の失業率も一六%台という高い水準にまたもどってしまった。

今回の抗議デモでは、トランプ大統領の集会やデモに対する反応を糾弾する動きも多かった。「黒人差別に反対する平和的な抗議を強引に弾圧する」という糾弾だった。

だが前述のように集会が暴力的な犯罪行為である略奪や破壊をともなっていた事実が指摘されねばならない。トランプ大統領、というよりも連邦や州の当局は、その暴力行為を取り締まろうとしただけなのである。

念のために改めて強調しておくが、五月末から二週間ほどの間にアメリカ各地で起きたのは白人警官の虐待で黒人容疑者が死んだことへの抗議だった。その主体はまちがいなく被害者が受けた不当な措置に抗議し、その背後にある差別や偏見をなくすことを暴力や破壊は排して訴えるという運動だった。

だが繰り返しとなるが、アメリカ各地で現実に起きたのは黒人の利益を代弁すると称する勢力が単なる抗議デモだけでなく、違法な略奪や破壊を繰り広げた実態である。一般の商店に侵入し、商品を略奪する。ホワイトハウスのような公共の施設に乱入を図り、警官隊に暴力をふるう。市街にある自動車を破壊し、放火する。そんな無法の破壊行動なのである。

政府当局がこんな違法行為、犯罪行為を放置できるはずがない。どんな政府でも大統領でも自国内の「法と秩序」は守らねばならない。今回の「抗議デモ」が明らかに「無法な暴動や略奪」へとエスカレートしたことは明白だからである。

反トランプの政治スタンスで知られるCNNテレビも、さすがに全米各地で展開された略奪の規模の大きさと激しさに衝撃を受けたように報道していた。同報道によると、六月六日の土曜日のニューヨーク市内での騒ぎだけでも「平和的デモ」と同時に商店の略奪や窃盗などの犯罪が多発して、逮捕者は中心街のマンハッタンだけでも千四十九人に達した。ニューヨーク市警側の負傷は二百九十二人だったという。

同市警の発表によると、同六日にマンハッタン内の古い繁華街ソーホー地区だけでも五十軒以上の商業施設が略奪の被害にあった。略奪者は事前に標的とする商店などの調査をしたうえで徒党を組み、数台の車に分乗して押しかけ、商店のドアやウィンドーを破壊して内部に侵入し、商品を大量に奪い、車に積んで逃走したのだという。

ソーホー地区ではその夜、明らかに地元の商店から奪った新品の種々の商品類を山のように抱えて歩く男女が多数いたという。この種の略奪はワシントンDC、フィラデルフィア、シアトル、ミネアポリスなど各都市でも大規模で起きたことがウォールストリート・ジャーナル、FOXテレビ、USAトゥデーなどの大手メディアで詳細に報じられた。

略奪の中心は黒い装束に身を固めた男女で、明らかに組織的、計画的な大規模犯行が多かった。また今回の抗議活動は警察側が黒人容疑者の扱いを非難されたことから起きたため、各都市の警察は抗議デモ関連の違法行為への取り締まりが消極的となった。略奪者側はこの点にもつけこみ、警察の警備の手薄な地域を選んでの高級商店の略奪が頻発したという。

私が長年、住んできた首都のワシントンDCの北西部では、五月三十一日夜に「ロッドマンズ」という伝統のある医薬品・食品販売の大きなスーパーが略奪グループに襲われた。そこで高価な商品類を根こそぎ盗まれたことがUSAトゥデー紙により詳細に報道された。

ミネソタ州で白人警官の虐待を受けて死亡した被害者ジョージ・フロイド氏の弟がミネアポリス市の事件現場で周囲の人たちに訴えた言葉には重みがあった。

「みなさんの怒りは理解できる。でも私にくらべれば怒りは半分だろう。それでも私は物を壊したり、地域社会を破壊したりはしていない。なのに、みんな、なにをしているんだ」

被害者の弟は民衆たちに破壊や略奪を止めることを求めたのだった。彼の言葉にはまちがいなく、今回の騒動の真実が反映されていたといえよう。

抗議デモで暗躍する過激派組織

今回の抗議デモの主催母体は公式には「ブラック・ライブズ・マター」(Black Lives Matter＝BLM)という黒人主体の民間活動組織である。BLMは日本語では「黒人の命は大切」と訳されている。BLMはアメリカ各地での警察による黒人容疑者への過酷な扱いに抗議して、二〇一三年から活動を始めた団体である。その公式な目的としては「平和的な方法で黒人差別へ抗議し、差別をなくす」という方針を掲げていた。

ＢＬＭはオバマ政権時代に誕生し、二〇一六年の大統領選挙でもヒラリー・クリントン民主党候補を支援する活動をした。だがその後、全米レベルでの目立つ行動の前面に出ることは少なかった。活動はあくまで合法の範囲に留まる平和的な団体だといえよう。

しかし今回はこのＢＬＭが主体となったものの、緩やかなカサのような感じで、その傘下や周囲に多様な組織が集まってきた。共闘する組織が出てきたのだ。それら組織は水面下に留まる秘密な存在もあったし、公然と表明に出る集団もあった。それらの「共闘」の共通項は、公式には人種差別反対、警察の暴行阻止だったが、実態としては反警察、反体制、反保守、反共和党という政治色も強烈だった。さらに政治傾向面でもっとも広範な共通項は、反トランプだったといえよう。

今回の抗議運動での特殊な存在としての一番目は、超過激な極左の暴力的組織「アンティファ」だった。アンティファとはアンティ・ファシスト（Anti-fascists）の略、つまりファシストに反対する勢力という意味の略称である。実際には極左の暴力的な秘密組織だといえる。トランプ政権のウィリアム・バー司法長官は、今回の騒ぎで複数の都市でアンティファの参加が確認されたと言明した。

アンティファという名称自体は、そもそも第二次世界大戦前のドイツでのナチスの台頭に反対した実在組織の名だった。戦後は保守系の政治家やイデオロギーに激しく反対し、共産主義には同調を示す極左組織として、イギリスやアメリカに根を広げるにいたった。

そして保守の典型ともいえるトランプ政権の誕生に刺激されたようにアンティファは、アメリカの各地で新たな動きを活発にみせるようになった。だから同組織は反体制の過激な左翼だともいえよう。

アンティファは二〇一七年一月にトランプ氏が大統領に就任した際も、全米各地の抗議デモで中核になった。同年二月、カリフォルニア州バークレー市で保守系の活動家たちが言論の自由を求める集会を開いたところ、やはりアンティファと称する集団が出てきて、投石や殴打などの暴力行動に出た。同年八月には同じバークレーで開かれた保守系の集会に対し、アンティファを名乗る十数人の集団が棍棒《こんぼう》などの凶器で攻撃をかけた。

さらに同じ時期、南部のバージニア州シャーロッツビル市での紛争で、アンティファはその悪名を全米にとどろかせた。同市では南北戦争の南軍司令官の猛将ロバート・E・リー将軍の銅像を撤去することを市当局が決めた。このことに反対する保守派が全米から集まり、抗議集会を開いたのだ。その右派勢力に対抗して、アンティファを名乗る集団が激しい攻撃を浴びせた。黒装束で覆面のグループが右派に対して、棍棒やバットを振り回して激しく戦ったのだ。今回の抗議デモにもこのアンティファが加わり、扇動したことは、ＦＢＩ（連邦捜査局）も確認したと発表していた。

「法と秩序」を踏みにじることが正義か

今回の抗議運動で特殊だった二番目は反警察の動きだった。しかも警察の解体とか警察への公的資金の供与停止という超過激な主張をする組織も全米デモに加わっていたのだ。

今回の運動は警察への非難から始まった。もちろん人種差別という大きな課題が主対象だが、抗議側からはいまのアメリカの警察自体をまず解体せよというような過激な要求もまじめに表明されていた。同時に各州の警察の予算を再検討し、そのためには当面、資金の供与を止めよという要求も出てきた。常識で考えれば、アメリカの「法と秩序」をなくしてしまえという主張に近い、非現実的な叫びだった。

ただし、今回の抗議の直接の原因となった白人警察官が黒人容疑者の首を絞めるという行為は犯罪事件とされ、容疑者の扱い方、とくに肉体的な制圧の方法は各州で議論の対象となった。だが各地の抗議集会ではその域を超えて、「警察を解体せよ」という要求も叫ばれたのだ。その背景には超リベラル派の市会議員が多数を占める西海岸ワシントン州のシアトル市でホームレスの人々を保護して、警察の取り締まりを禁止する「自治区」を認めるような動きがあった。カリフォルニア州のサンフランシスコ市でも似た動きがあった。既存の規則に背を向ける人々の権利や主張を尊重して、「法と秩序」の適用を薄くするという傾向である。

オバマ前政権時代にとくに顕著になった社会の潮流だといえる。

　こうした傾向では警察の取り締まりに対する反発が強くなるわけだ。今回の抗議活動でも警察解体を唱えるようなスローガンにまでなって表面に出たのである。

　トランプ大統領も警察の改革という主張には前向きに対応した。六月十六日には警察改革に関する大統領令に署名した。改革の内容は警察の容疑者に対する扱いの変更などだった。ミネソタ州で起きたような警官の暴力への規制だった。警官の生命が危険となった場合を除き、容疑者の首を絞めてはならないという具体的な改革だった。

　だがトランプ大統領は同時に以下のようにも語った。

「警察の予算打ち切りや解体、解散という過激で危険な取り組みには強く反対する」

「アメリカ国民は、警察がなければ大混乱が起きるという真実を知っている。法がなければ無秩序状態になる。安全がなければ破滅的状況になる」

　この発言に同意するアメリカ国民が多いことは自明である。きわめて正常な発言だろう。

　だがこの種のトランプ大統領の正常な言動は、日本のメディアで報道されることはきわめて少ないのだ。

自国の歴史を否定し、断罪する過激派

今回の抗議活動での三番目の特殊な要素はアメリカの歴史自体を修正し、否定しようとする動きだった。これまた超過激な動きだった。黒人差別への反対を過熱させて、アメリカ合衆国の生い立ちにまでさかのぼり、その過程には人種差別があったから、建国の歴史の重要部分、あるいはその全体までを否定する動きだった。

南部バージニア州の州都リッチモンドの公園に立つ探検家クリストファー・コロンブスの像が六月九日、今回の抗議デモ参加の集団によって倒され、近くの池に投げこまれた。人種差別への抗議の一環だったという。コロンブスは周知のように十五世紀にアメリカ大陸を発見し、上陸した人物である。スペインを拠点とした探検家だった。この歴史上の人物の行動もアメリカ大陸先住民の虐殺であり、その種の行動が後の黒人の奴隷制や差別につながったという非難が出てきたのである。

アメリカという国家の過程を人種差別という点だけから、一方的な歴史裁判にかけて有罪を宣告する。その長い過去からの流れを否定しようとする発想がコロンブス像の破壊の論理だといえよう。あまりにも無理で、非現実的な主張である。

南軍のリー将軍のような歴史上のヒーローに対しても、同様の否定の声が今回も叫ばれた。

奴隷制を守ろうとした南部諸州の防衛のために戦った将軍たちは、人種差別の先駆だったとする理屈だろう。だが南北戦争は終わり、南北は和解して、奴隷制もすでに百五十五年前に完全に終結した。

その後はアメリカ全体が一致団結して自国の発展に努めてきたわけだ。人種差別をなくすことにも努力してきた。その歴史を逆に戻して、南部の過去の英雄たちの軌跡を「黒人差別」という一点から抹殺し、悪のレッテルを貼ろうとする。

ではその先になにがあるのか。非現実的な主張であり、運動である。

要するに今回の抗議運動で叫ばれた主張のなかには、一般のアメリカ国民が反対する過激で非現実的な要求も多々あったということなのだ。その現実は抗議運動が推進した反トランプの政治主張に賛同しないアメリカ国民も多数、存在することを意味するわけだ。

軍隊の出動は民主主義の危機なのか

さらに今回の抗議運動とトランプ政権への影響について考えるうえで、みのがせないもう一つの重要点がある。

それはトランプ大統領が暴動の鎮圧に軍隊の投入を示唆したことが、アメリカの憲法体制や民主主義への危機を生んだという主張が広まったことである。この点をもってしてトランプ大統領を「非道な独裁的弾圧者」と断じる論調はアメリカでも日本でも多い。

だがこの点も多角的な考察が必要である。

まずトランプ大統領は軍隊を投入していない。以下のように述べただけだった。

「もし市長や州知事が速やかに警察、および州兵を出して略奪や放火を止めないなら、連邦大統領の権限で動かせる軍を出して止めてもよい」

トランプ大統領がたとえ軍の投入を考えたとしても、それはあくまで無法行為を止めて、「法と秩序」を守るためである。だが現実には軍の出動を命じていない。出動させてもいない。「もし警察や州兵で略奪や放火を止められない場合」に考えるかもしれないと、仮定の仮定を語っただけだった。

そのうえ国内の治安維持のため軍隊を出動させることがいかにも憲法に違反し、民主主義を壊すかのような断定もまちがっている。国内の治安維持に連邦軍隊を投入することは、きちんとした法の手続きを経れば、違憲でも違法でもないからだ。しかも歴代の大統領で実際に国内治安を守るために軍隊を投入した実例は存在するのである。

一九九二年に初代ジョージ・ブッシュ大統領は、ロサンゼルスでの大規模な人種暴動の鎮圧に実際に軍隊を投入した。同大統領はその行動自体をとくに非難はされなかった。憲法違反とか民主主義抑圧という糾弾もなかった。むしろ危険な騒乱を効率よく治めたことを評価された。一九五七年には、ドワイト・アイゼンハワー大統領がアーカンソー州リトルロックでの人種騒動の鎮圧に軍隊を投入した。人種差別が終わり、それまで白人生徒だけだった公立学校に黒人生徒を入学させるため、差別撤廃に反対する側の無法な行動を抑えたのだった。軍隊は黒人差別廃止のために動員されたのである。

一般のアメリカ国民は、人種問題などでの騒乱が起きた際の軍隊出動をどう考えているのか。この点についての全米世論調査の結果が六月上旬、大手経済メディアのフォーブス誌によって公表された。その結果によると、全米の登録有権者のなんと五八％が人種問題などの抗議活動が過激になることに対して、大統領が軍隊を投入することに賛成を表明した。反対は三〇％だった。

この回答を政治的な傾向でみると、自分を保守派とみなす層では七五％が軍隊投入に賛成、年齢別では六十五歳以上が六八％、人種別では白人の六〇％がそれぞれ賛成という結果が出た。驚くことに黒人の間でも、人種問題がらみの抗議活動が治安を乱すようになった場合、軍の投入による鎮圧に賛成するという人が三七％も存在したのだ。

だから国内の治安維持に軍隊を使うという概念自体は、アメリカの一般国民の間でもかなり広範に支援されているわけである。

トランプ大統領が仮定の仮定だとはいえ、そんな腹案を明かしたことは、彼の目からみて自国民の多くが求めている対策を単に口にしたのであり、とくに異常でも異様でもないというこ とだろう。アメリカ国内の治安維持のための軍隊投入という対応が憲法違反でもないし、民主主義の弾圧でもないと思っている一般国民は多数派なのである。

事件を利用する民主党と大手メディア

ただし一般的には、黒人の側に長年、差別されてきた意識はなお強い。だから今回のように「黒人だから虐待された」と思える事件が起きれば、全米の黒人層が過敏に反応する傾向はある。一九六〇年代から二〇一〇年代まで、その種のトラブルが全米規模に広がる例は多かった。それらの事態は時の政権が共和党か、民主党かの区別なく起きてきた。

今回の事件では白人警察官の行動は犯罪とされ、刑事訴追の手続きがすでにとられた。トランプ大統領もその白人警察官を明確に非難した。

だがそれでも、いかにもトランプ政権がこの種の黒人虐待を奨励しているかのような空気の下でデモや集会が広がっていった。そんな形で広がったのは、たぶんに共和党対民主党、保守対リベラル、そしてトランプ支持層と反トランプ勢力の政治的な対立のためだった。

前述のように反トランプ勢力は、今回の事件を利用して「トランプ大統領は黒人への差別や虐待を奨励する」という政治宣伝を広めようとした。とくにトランプ政権への激しい反対を続けてきた議会の民主党勢力による、この抗議運動への直接の参加と支援はものすごかった。上下両院の民主党議員たちの多数が街頭デモに加わるだけでなく、議会での発言や決議案提出、公聴会開催という活動に抗議デモを結びつけた。

民主党が多数を制する連邦議会下院では、その種の動きが活発だった。さっそくこの問題での公聴会を開き、ミネアポリスの被害者ジョージ・フロイド氏の実弟を証人として招き、証言をさせた。議事堂内でも民主党議員たちは、被害者への弔意を表す集いを催し続けた。フロイド氏が首を絞められていたという八分以上もの間、議員たちも床に片ヒザをついて共闘と追悼の意を示す黙祷《もくとう》の姿勢をとったほどだった。

この集いには八十歳のナンシー・ペロシ下院議長も参加して、床に片ヒザをついていたが、黙祷の後に自力では立てなくなって周囲の数人の助けを借りるという光景もあった。

民主党議員たちはこの抗議デモの期間、一貫してトランプ政権への非難を述べ続けた。「人種差別はトランプ大統領のせいだ」という政治メッセージを民主党系のあらゆるチャンネルで広めたのだった。

それよりもさらに激しいトランプ非難を浴びせ続けたのが、年来の反トランプの民主党支持の大手メディアだった。具体的にはワシントン・ポスト、ニューヨーク・タイムズ、CNNテレビというトランプ叩きにこの三年半以上、終始してきた新聞やテレビである。

これらメディアの今回の報道も、いかなる負の現象もトランプ大統領のせいだという基調に徹していた。ミネアポリスでの事件が起きてから、とにかくトランプ大統領の対応の言動はすべて「悪」、あるいは「非」として描かれた。

ちなみにトランプ政権のコロナウイルス対策本部では、顧問のアンソニー・ファウチ医師らが感染拡大を防ぐためソーシャル・ディスタンス（社会的な他者との距離）保持の見地から大規模なデモや集会は危険だという警告を再三、発していた。だが抗議の主催者側も主要メディアもそんな警告はまったく無視して、「密」をきわめる集会を繰り返し催した。その結果、感染者が増しても、その原因は「トランプ政権の対策ミス」に帰せられてしまうという具合なのである。

トランプ大統領はフロイド氏への弔意は正面から述べていた。また事件後まもなくホワイトハウスに各地の共和党支持の黒人代表たちを招き、人種差別への対策を論じていた。警察の代表も招き、容疑者の物理的な制圧の方法での自制について語っていた。

トランプ政権の黒人の有力閣僚ベン・カーソン住宅都市開発長官も、今回の騒動が起きてすぐ大統領とともに弔意や鎮静や自省の言葉を発し続けていた。政権全体としての抗議側への理解を示す姿勢だった。

にもかかわらず主要メディアはそれらをすべて無視して、もっぱら大統領の少しでもネガティブにみえる言動を超拡大して報じるのだった。だがおもしろいことに、このトランプ非難では黒人差別を強めるような実際の法律、条令というトランプ政権の具体策への糾弾はなにも出てこない。なぜなら、その実例がみあたらないからだろう。

すでに述べたように、実際にトランプ政権の過去三年半の記録をみても、明白に人種差別を許容や推進するような法律、条令は出てこない。むしろ反対にトランプ政権下では、コロナウイルスの大感染までは黒人の失業率が歴史的な低下をみせ、逆に黒人の所得は近年でも最高の水準に達していたのだ。こうした事実は反トランプのメディアにとって明らかに「不都合な真実」であり、まともには報じられない。

この種の反トランプの大手メディアはトランプ政権登場以来、とにかく選挙で選ばれた大統領を選挙ではない方法を使ってでも、政権の座からひきずり降ろそうとするキャンペーンが露骨だった。「ロシア疑惑」や「ウクライナ疑惑」での「調査報道」に名を借りたトランプ政権へのあの手この手の偏向報道がその実例だった。だがトランプ大統領打倒という目的はまったく果たすことができなかった。

今回もそれらメディアは「人種」という新たな政治カードを使い、民主党議員たちと連携して、トランプ攻撃、共和党攻撃を大々的に展開したのだった。この政治工作は人種差別に対する純粋な抗議活動とは、また別個に点検されるべきである。

しかし反トランプ勢力のそうした工作はトランプ政権発足以来、最大の効果を発揮したようだった。トランプ大統領に対する各種世論調査での支持率が顕著に下がったのである。その支持率の下降ぶりはこの三年半でも最大となった。もちろんトランプ大統領の側にも支持率を下げるだけの実際の失態や錯誤があったことも事実である。

六月中旬から下旬にかけての一連の世論調査ではトランプ大統領が民主党候補のジョセフ・バイデン前副大統領に支持率で大幅な差をつけられるという結果が報道された。

ニューヨーク・タイムズの世論調査では支持率でバイデン五〇%、トランプ三六%という数字が出た。トランプ寄りのメディアのFOXニュースの世論調査でも、バイデン五〇%、トランプ三八%という結果だった。しかも共和、民主両党の支持が僅差の激戦州の多くでも、バイデン候補が優位という結果が出た。

トランプ大統領にとっては就任以来、最低の支持率を連発した。同大統領はそれまでの世論調査では三年半もの間、一貫して単独の支持率では常に四〇%台の後半、五〇%近くのレベルを保ってきたのだ。

反トランプ側のメディアとしてはトランプ政権打倒のキャンペーンが今回は花を咲かせそうだという様相でもあった。しかし冒頭でも述べたように、この時点でのこうした数字だけで十一月の大統領選挙の行方を占うことはできない。そもそもバイデン氏は大統領候補としては、アメリカ国民の前にまだ姿をほとんどみせていないのである。

だからこの時期の世論調査結果もバイデン氏への支持の増加というよりも、トランプを支持するパフォーマンスが減少しているというふうなのだ。バイデン氏の候補としての欠陥の数々は、なにもまだ露呈されていないともいえる。

トランプ政権は日本にとって有害か

いずれにしても五月から六月にかけての人種差別抗議運動の結果として、トランプ大統領の人気が下がったことは事実なのである。

日本ではトランプ大統領の支持率が下がったことを契機に、トランプ政権批判が一部で再び格段と高まった。本来、日本のアメリカ通とされる人たちの間では、反トランプ大手メディアの報道をうのみにする向きが多く、トランプ政権を一方的に断罪する傾向が強い。

もっともアメリカの大統領や政権のあり方を日本でどう論じるかは、その論者のまったくの自由である。だがトランプ氏をまるで無能と邪悪の権化のように酷評する向きに、この政権が日本にとってどんな意味を持つかという一点だけは指摘しておきたい。

簡単にいえばトランプ政権は、日本にとって決して悪くはないということである。日本にとって不利とか有害な政策をとっているアメリカの政権ではないということだ。

まず安倍晋三首相、そして安倍政権がトランプ政権の対日政策や対インド太平洋政策を高く評価していることは明白である。頼りになる同盟国の政権だということだろう。

安倍首相が公式の場で頻繁に指摘するように、トランプ政権下では日米同盟が強化された。中国が武力で奪取しようとする日本領土の尖閣諸島も、アメリカは確実に守ると明言した。日本を含めてアジアの諸国への軍事攻勢を強める中国の膨張に対しても、トランプ政権は断固たる抑止の政策をとってきた。

そのうえトランプ大統領は北朝鮮に拉致《らち》されたままの日本人の解放に関しても、熱心な支援の姿勢を示した。最近、亡くなった横田滋さんも娘のめぐみさんの解放の努力への応援の言葉をトランプ大統領から直接に何度も受け、励まされていた。

私自身、横田滋、早紀江夫妻、さらには息子の拓也さんらからトランプ大統領への感謝の言葉を直接に聞いたことが何回もある。そもそも同大統領は国連総会での演説でめぐみさんの悲劇を取りあげ、北朝鮮への抗議と要求をぶつけていた。

トランプ大統領はさらに七月に入って、横田早紀江さんあてに夫の滋さんの不幸に弔意を表する丁重な書簡を送ってきた。こんなささやかな行為も日本に対する友好的な姿勢としてうけとっても、ごく自然だろう。

ボルトン回顧録の波紋

トランプ政権をめぐる動きでは大統領の国家安全保障担当補佐官を務めてきたジョン・ボルトン氏の回顧録も大きな波紋を広げた。二〇二〇年六月のことだった。

ボルトン氏といえば、ワシントンでは著名な外交、戦略、軍備管理などの政策通である。共和党支持、保守系の人物で近年の共和党歴代政権で国務次官や国連大使という要職を務めてきた。しかも同氏は二〇一八年四月から二〇一九年九月まで、トランプ政権の国家安全保障担当の大統領補佐官だった。外交問題や国際関係、安全保障という領域ではトランプ政権の中枢、しかもその一年半近くの間、大統領にもっとも近い立場にいた人物だった。

だからそのボルトン氏のトランプ政権の内幕を描いた本は二重、三重の意味で注目された。彼はこの書でトランプ大統領をこっぴどく批判していた。だからこの書は基本的には暴露本だった。

トランプ政権についての暴露本は、全米レベルで話題になった本だけでもすでに十冊近いほど出ていた。そのほぼすべてが本来のトランプ氏の政敵によって書かれていた。つまり民主党リベラル派の記者とか評論家たちが政権内から情報を集めて書く方式の暴露本だった。

ところがボルトン氏は共和党保守派である。しかも政権内部の枢要の地位につい数ヵ月前までいた要人なのだ。トランプ政権はこの本の出版を法的に阻止する措置をとった。著者のボルトン氏がアメリカ政府の守秘義務に違反しているという理由からの阻止の試みだった。だが本は出てしまった。ワシントン・ポストやCNNという反トランプ・メディアが先を争ったように、その回顧録のおもしろそうな個所を選んで報道した。

「トランプ大統領の唯一の目標は確実に再選を果たすことだ。そのためには国益を脅かすこともためらわない」

「トランプ大統領は外交や戦略に関しては知識がない。イギリスが核兵器の保有国であることも知らなかった」

「トランプ大統領は中国の習近平主席に対し再選には農家の票と中国による大豆と小麦の購入拡大が重要だと告げた」

この種のトランプ氏の奇矯《ききょう》な言動が、アメリカのメディアにどっと流れた。その多くは日本側でも転電された。一方、トランプ政権の現職高官たちからは、いっせいにボルトン氏への非難と同回顧録への批判が言明された。

「多くの嘘と偏った一面的な事実関係の完全な虚偽を広めている」（ポンペオ国務長官）

「ボルトン氏はもっとも無能な政府高官の一人だった」（ナバロ大統領補佐官）

「ボルトン氏は自己宣伝を国益より優先させた」（ムニューシン財務長官）

こうなると、もう泥仕合だった。だがボルトン氏が虚偽ばかりを書くはずはない。私はワシントンでの報道活動でボルトン氏と会ったことが何回もあった。そのたびにまじめな人物だと実感した。やはりトランプ大統領とは政策面だけでなく、感情的にも激しく衝突して、この暴露本執筆という結果になったのだろう。

この新著『ホワイトハウス回顧録・それが起きた部屋』は合計約六百ページもの大作だった。私もそのほぼすべてを読んだ。ＢＳフジのプライムニュースでの討論で同書の内容を参議院議員の佐藤正久氏や福井県立大学教授の島田洋一氏と語るためということもあったが、内容がおもしろかった。

トランプ政権の内幕をきわめて詳細かつ率直に明かしているので、つい引きこまれて夢中で読んでしまった。私が長年、報道活動を続けてきたワシントンでのトランプ政権下の状況が、実際の人物たち多数の具体的な言動によって活写されていたからだ。同書の九割はトランプ政権の詳しい内情の報告だった。その部分ではトランプ大統領の統治の細かな点や政策面や人事面での慎重さまでが、ほぼ客観的に描かれているのが意外だった。

日本の安倍晋三首相が「世界の指導者でトランプ氏ともっとも個人的に親しい関係を築いた」人物と評されているのも定評どおりとはいえ、この本の客観性を思わせた。

トランプ、ボルトン両氏の衝突についても詳細の活写があった。ただし両氏は政策面での一致点も多かった。イラン核合意への反対、北朝鮮の完全な非核化の貫徹、気候変動に関するパリ協定への反対、中国の膨張への反対など両者はともに保守派の現実主義者として意見は同じだった。だからこそトランプ大統領はボルトン氏を起用したのだ。

しかし二人は、アフガニスタンの過激派勢力タリバンの代表をワシントンに招いて会談をするか否かをめぐって意見が完全に衝突した。ボルトン氏は「テロ組織の代表とアメリカ大統領が会うことは認められない」との主張を曲げなかったのだ。

ボルトン氏がその他にも指摘したトランプ大統領の乱暴や粗雑に近い側面をみせる言動は、みなその描写のとおりだろうと私も思った。トランプ氏はとにかく型破りの人物なのだ。

だが同氏が他の部分で詳細に伝えたトランプ大統領の政策形成や統治実行の実態は、予想以上に堅実だと感じたのも同書の率直な読後感だった。いずれにしてもトランプ大統領の光と影、欠点と長所を知るうえで、有益な資料となる本だと思った。

ではこのボルトン回顧録が十一月の大統領選挙にどんな影響を及ぼすのか。

私のこの問いに対する答えは「ほとんど影響はない」となる。そもそもこの種の暴露本はこれまでの実例をみても、大統領選挙のキャンペーンでの一般有権者への影響はまず皆無だといえる。

私は大統領選挙戦は一九八〇年から十回ほど取材にあたってきたが、候補者の欠陥をあばいた本が有権者の票を大きく動かしたという例は記憶にない。そもそも特定の書籍がきわめて立体的で包括的なアメリカの選挙を左右するというメカニズムにはなっていないのである。だからボルトン氏の著書がトランプ大統領の人気をとくに下げることもないし、バイデン候補への支持を増すという効果もないように思える。

とにかく七月下旬の現時点ではトランプ大統領は支持率を就任以来、最低のレベルまで落としたところから、今後の選挙戦へと取り組んでいくこととなる。

アメリカ国民がどのような指導者を求め、どんな政策を期待するのかは、当然ながらアメリカ自身が決めることである。トランプ大統領が再選され、その統治を続けていくのか、あるいはバイデン候補が勝利するのか。日本側では冷静に観察するしかない。

反トランプ勢力にとっては今回の人種差別抗議運動が少なくともこれまでのトランプ大統領攻撃の「ロシア疑惑」や「ウクライナ疑惑」よりは大きな効果を発揮したようなのである。もちろんトランプ陣営も、すでにその逆流を止めるために広範な措置や政策を取り始めた。中国に対する厳しい姿勢も揺らぎなく、また一段とその全体の戦略を強化してきた。

いずれにしてもこうしたトランプ対反トランプ両勢力、共和党対民主党、そしてトランプ政権対反トランプ・メディアという政治的な対立が今回の人種問題を契機とする騒乱を色濃く染めていたことも知っておかねばならないだろう。

2019年6月に大阪で行われたG20でトランプ大統領と習近平主席に挟まれる安倍晋三首相

©Alamy Stock Photo/amanaimages

第二章 トランプのウイルスとの苦闘

政治活動を妨げる新型コロナの再襲来

前章ではアメリカ国内でのトランプ大統領に反対する動きについて報告した。大統領就任以来、もっとも激しい逆風にさらされた状況を説明した。

では同大統領の側はそうした反トランプ勢力に対して、どんな反撃をしてきたのか。そもそもトランプ大統領にとって国内の政敵、つまり民主党や主要メディアという反トランプ勢力と戦いながら、さらに重大な課題であるコロナウイルス感染拡大と中国の挑戦に対処しなければならない。国内の態勢をまず固めなければ、対外的なチャレンジへの効果的な対応は難しくなる。

この章ではトランプ大統領のそのあたりの活動について報告しよう。同大統領のアメリカ国内での戦略や政策である。国内での苦闘だともいえる。

トランプ政権にとって国内での最重要な課題といえば、まちがいなくコロナウイルスへの対処である。アメリカ国内での感染の拡大はなにしろ、あらゆる想像を超えるほどの勢いとなったのだ。ウイルス感染は五月ごろにはなんとかピークを迎え、下降を描き始めたかにみえた。だからトランプ政権も各州知事たちも、経済の再開の一部に手をつけた。アメリカのだれもが待ちに待った経済活動の再スタートである。連邦政府もニューヨークやカリフォルニアという大感染の諸州政府も少しずつ、慎重に種々の経済、商業、文化などの活動の再開を許し始めたのだ。

ところがまた各州で感染者の数が増えることとなった。六月の後半には感染の最盛時を上回るほどの増加となった。なにしろわずか一日で、三万とか四万というアメリカ国民が新たにコロナウイルス感染者となっていったのだ。七月には、ついに一日に五万人以上の新規感染が出るという危機状態となった。

その原因には、前述のアンソニー・ファウチ医師が再三、警告したように、人種差別反対のデモや集会への参加者が多かったこともあった。その種の街頭でのデモや集会は、とにかく多数の人間がたがいに密着して集まり行進するのだから、典型的な「密」となる。

同時に政治集会の再開も負の要因となった。スタジアムのような屋内での大規模な政治集会も「密」の状態を生み出し、コロナウイルスの感染を増す原因となった。

トランプ陣営は感染が一段落したという判断に立って、六月二十日にオクラホマ州タルサで久しぶりの選挙集会を開いた。巨大な屋内スタジアムに六千人以上が集まった。このスタジアム定員が一万九千人だったから、この人数は予想以下の集りと批判されたが、それでも密集だった。

十一月の大統領選挙が近づくにつれ、トランプ陣営にとってもバイデン陣営にとっても、大人数の支援者を集めての選挙集会の開催が超重要となる。だが集会は当然、多数の密集やコロナウイルス拡散の危険をともなう。ではどうすればよいか。当事者たちには切迫した課題なのだ。

トランプ政権に対する防疫医療面での評価は

さて猛威をふるい続けるコロナウイルス対策をトランプ政権は防疫面、医療面でどのように進めてきたのか。結果として今年一月以来、ウイルスの感染はものすごい勢いを増すばかりだから、政府当局、州当局として進めてきた対策が基本的には失敗だったとはいえるだろう。

とくにトランプ大統領自身はアメリカ国内での感染の当初、楽観的な見通しを語っていた。後でその点を批判されると、彼は「大統領は国全体のチアリーダー（応援指導者）なのだから明るい見通しを強調する必要があった」と釈明していた。だが政権全体としても、この前例のないウイルスの脅威への過小評価があったことは確かだろう。

それでもトランプ政権は日本で伝えられるより、ずっと体系的でキメの細かい防疫対策を講じてきた。トランプ政権のその対応は第一章でも大枠を紹介したが、改めてより具体的な中身を報告しておこう。

トランプ大統領は一月二十九日にコロナウイルス対策本部をホワイトハウスに設置した。関係各省庁の代表を集め、本部長にはマイク・ペンス副大統領を任命した。

トランプ大統領は、ペンス副大統領はじめ各省庁の長官や医療専門家、民間主要企業のトップをホワイトハウスに集めて会合を開き、種々の緊急対策を決めていった。民間のビジネスを重視するトランプ大統領らしいスタート方法として、主要企業の社長たちをチームに招き入れた形だった。官民合同のコロナウイルス一大対策組織を旗あげしたのである。

感染者への緊急医療対策、

集団感染地域での隔離政策、

民間企業を大幅動員しての医薬品や医療器具の調達、

「国防生産法」を発動しての官民協力、
感染多発国からの入国禁止、
緊急経済支援策の推進、
というような具体的な措置をつぎつぎにとり、国家非常事態の宣言とその実行を進めていった。二月から三月にかけてのことだった。それでもなおウイルス感染者や死者の数は増え続けた。だがトランプ大統領の総合的な取り組みは、一般アメリカ国民の多くの支持を得ていた。その後の世論調査がその支持を示していたのだ。
トランプ政権の防疫政策を国民一般に知らせる広報活動が前例のないほど大規模で頻繁となった。この動きは三月から四月にかけてのことである。
ホワイトハウスから連日の国民への報告、要請がテレビで実況中継され、毎回毎回、一時間以上も続くようになったのだ。ただしホワイトハウスでの記者会見は、感染防止のために出席者がきわめて少数に限られた。私はホワイトハウスのネットサイトにアクセスして、連日、その模様をくまなく視聴した。
トランプ大統領自身が記者団からの質問に熱心に答えていた。それだけでなくペンス副大統領や同対策本部顧問のアンソニー・ファウチ医師、同本部調整官のデボラ・バークス医師らを横に並べて、自由に答弁や発言をさせた。

ファウチ医師についてはすでに簡単には触れてきたが、ウイルスや細菌、免疫の研究ではアメリカ医学界でももっとも知名度や評価が高い学者である。同医師は世界最大の基礎医学研究機関として知られるアメリカ政府の国立衛生研究所（ＮＩＨ）の基幹組織、国立アレルギー感染症研究所（ＮＩＡＩＤ）の所長を、もう三十六年間も一貫して務めてきた。いま七十九歳だが、年齢を感じさせない明確きわまる語調でウイルス感染の現状や見通しを解説する。

バークス医師もウイルス研究の権威として有名な女性学者である。とくにエイズ対策の調査と研究で実績をあげ、オバマ前政権では国務省の調整官として国際的なエイズ撲滅の作業に活躍した。長身で優雅な感じの六十四歳の女性である。彼女はアメリカ陸軍の軍医として勤務した経験もあり、医学の専門課題を一般向けにわかりやすく語ることが上手だった。

トランプ政権のコロナウイルス対策本部では、この両医師の上にペンス副大統領がいて、三人ともにみな複雑な課題を明解、かつ懇切にわかりやすく解説していた。

毎日午後のホワイトハウスでのコロナウイルス特別記者会見では、トランプ大統領がこの三人に付き添われて登場し、国民に語りかけ、さらに記者団からの質問に答えるという方式だった。この会見は土曜や日曜にも開かれることがあった。

コロナウイルス感染防止の対策では、まず検査が重視された。国民の一人ひとりがコロナウイルスに感染しているか否かを調べるテストだった。このテストはＰＣＲ検査と呼ばれる方法である。トランプ政権は感染が広がり始めた当初、国内でこのテスト実施が少ないことを批判されていた。防疫対策では、まず感染者の実態をつかむことが前提だったからだ。

このウイルスの感染者には症状が出てこない段階の人たちが多数いた。その症状なしの感染者も他の人にウイルスを伝染する危険がきわめて高いわけだ。だから早い段階での感染を探知して、その人間を隔離すれば、さらなる感染が防げることになる。

そのためトランプ政権は三月はじめごろから感染防止の最大の柱として、コロナウイルスの感染の有無を測るテストの拡大に力を投入し始めた。ＰＣＲ検査である。トランプ大統領は三月三十日、それまでのアメリカ全土での検査回数が合計百万件を超えたと発表した。さらに四月上旬には、その数字が三百万件を突破したという。

トランプ大統領自身も連日のコロナウイルス状況報告の記者会見で問われて、すでに二回の検査をすませ、いずれも陰性だったことを明らかにした。二回目の検査はその日の夕方の会見の直前にすませ、「十五分ほどで結果がすぐ判明した」と自信をこめて語っていた。

ＰＣＲ検査の徹底が感染者数減につながらない

この検査がなぜコロナウイルス感染の拡大を防ぐには有効なのか。

コロナウイルス対策本部のバークス医師は三月二十六日の記者会見で改めて説明した。

「このウイルスはすぐに症状が出ないため、感染者が活発に動いて、多くの人と接触して感染を広げてしまうケースが多いのです。とくに若い世代が感染しても症状がほとんど出ず、重い症状の出る高齢層に移してしまい、死亡などの被害が増えるのです。だから症状がまだ出ていない感染者を発見して隔離することが感染の拡大を止めるうえで効果的かつ不可欠なのです」

だからアメリカ政府も各州政府も、ＰＣＲ検査の拡大に全力をあげた。連邦議会もこの検査をだれでも無料で受けられるという法律まで成立させた。

検査の形式もドライブスルー方式といって、車の運転席に乗って駐車場のような施設に入り、そのまま検査を受けられるシステムも全米各地に多数設置された。ちなみに感染が集中的に起きたニューヨーク市ではこの検査が当初、きわめて遅れていたという。

私のところにもＰＣＲ検査の勧めが届いたのは、やや驚いた。

私はちょうど四月はじめにワシントンから東京に戻った。頻繁に両首都を往来するとはいえ、ワシントンも居住の地である。だが東京にいる私にメールでの通知が届いたのだ。

「受診者の方々へ、当クリニックでは新型コロナウイルスの検査ができるようになりました。最新の敏速なテストであり、来院してテストを受ければ、十五分ほどで結果が判明します」

発信者はワシントン市内の私の住む場所から車で十分ほどの診療所だった。その医療クリニックは私が十数年も前に数回、訪れただけだった。ワシントンから国際報道の取材のためにアフガニスタンやイラクという衛生状態の異なる諸国に出かける際に、念のための伝染病などの予防注射を受ける目的で訪れたことがあったのだ。

そんな薄いつながりでもコロナウイルスの検査への案内メッセージが届けられたのだ。検査を受ける側からではなく、検査をする側が勧誘のように、「どうぞ、いらっしゃい」という通知を送ってくるのである。アメリカではコロナウイルス検査がそれほど一般的に、広範かつ容易になっていたのだ。同じウイルスの感染に苦しめられる日本とは、まるで異なる状況だった。日本では、コロナウイルス検査はまったく少なかったのである。

四月中旬の時点で日本国内での検査の実施の合計は、六万三千件ほどだと伝えられていた。アメリカではその時点で三百万以上。ちなみに同じ時点で韓国は約三十万だとされていた。

アメリカでの感染者は、その四月中旬の時点ですでに六十万人を超えていた。一説としてはアメリカの感染者が異様に多いのは、感染テストをきわめて広範に実施した結果だともされていた。このへんの理屈も錯綜《さくそう》していて真相はなかなかわからない。だが確かに感染者を探知する検査の数を増せば増すほど、感染確認者が増えるのは自然の理屈の帰結である。

とはいえ、その広範な感染者探知が感染拡大の効果的な防止につながらなかったのが、アメリカの悲劇だったということだろう。

当初は好評だったトランプ政権のコロナ対策

さて、論題をトランプ政権のコロナウイルス対策本部の定例の記者会見にもどそう。ホワイトハウスでの連日の会見ではときにはGM、P&G、ウォルマートなどという民間大企業の経営責任者も登壇した。著名なCEOたちが壇上に大統領と並んで、民間企業としての国家のウイルス対策への協力を言明していた。トランプ大統領の経済政策は民間企業の重視が柱であり、ここでも官民協力が求められたのだった。

前述のペンス副大統領、ファウチ、バークス両医師という三人のトロイカ体制との連携もうまく進んでいた。トランプ大統領は少しでも医学や医療の話題となると、すぐに両医師たちに発言を求めていた。トランプ政権にしては珍しい、こうした円滑なチームワークが一般国民の好評を得たことがやがて証明された。

まずこの長時間の記者会見を各テレビ局が全時間、実況中継して、高視聴率を記録したのだ。そのうえトランプ大統領の支持率が顕著に高くなったのである。

この事実はその後の、そして大統領選へかけてのこれからのトランプ大統領への国民の支持、不支持の展開を読むうえで重要である。世論調査の数字がいかに激しく、しかも頻繁に変わるかがわかるからだ。三月二十二日までの一週間の全米調査では、トランプ大統領への支持率が四九%と、ギャラップ社がそれまで三年半余り実施してきた同大統領に関する世論調査では最高レベルの数字を示した。同調査結果によると、トランプ大統領への支持率は共和党支持層では九二%(一ヵ月前は九一%)、無党派層で四三%(前回は三五%)、民主党支持層では一三%(同七%)となった。これらの数字は中間層と民主党支持層でのトランプ支持が大幅に増えたことを示した。

さらに注目されたのは、同じギャラップ社の調査でトランプ大統領のコロナウイルス対策への支持率が六〇%という高水準を記録した点だった。

その支持層の政党支持別の内訳では共和党支持層が九四%、無党派層が六〇%、民主党支持層が二七%だった。とくに共和党を支持していないアメリカ国民の間でも、トランプ政権のウイルス対策に賛同する人たちが多いという結果が出たのだった。

トランプ大統領へのこうした支持率の数字は、前章で紹介した六月下旬ごろの数字とは大違いである。繰り返すが、世論調査というのは、それほど激しい異なりを映し出すのだ。

トランプ政権のウイルス対策が初期段階を終えるころには、こうして国民多数派の支持を得たとはいえ、結果として感染防止策は効果をあげなかった。アメリカはコロナウイルス感染が全世界でも突出して多くなったのである。

コロナがアメリカで突出した理由

その悲惨な実態についてトランプ政権内外、あるいは野党の民主党側では医学専門家たちも含めて以下のような理由が指摘されている。

第一には、やはりコロナウイルスの猛威への過小評価だった。なにしろ人類が体験したことのない正体不明の新型コロナウイルスである。世界の超大国のアメリカは、医学や医療でも公衆衛生でも世界最高水準にある。だが、そんな国家がこれほどの被害を受けるのである。だれにも想像もできなかった邪悪なウイルスの猛威ということだろう。

準備不足という表現を使うならば、アメリカがまず世界最大の実例となろうが、日本も含めて他の多数の諸国も同様だったということになる。とくにウイルスの感染の速度や威力は、どの国の専門家たちにとっても想像を超えていたわけだ。

第二には、中国政府の当初の隠蔽工作や虚偽情報だった。そして中国政府が感染者たちの外国旅行を大幅に許していた時期も短くなかったという事実である。

武漢でのウイルス発生時の習近平政権の不当な対応は、すでに広く知られている。恐ろしいウイルスの感染性を秘密にしていた。アメリカ政府も事実をまったく知らされなかった。

中国政府がちょっとでも早い時期に、ちょっとでも多い情報を明らかにしていれば、実際よりずっと有効な対策が取れたという認識はアメリカの官民で一致していた。

そうした中国政府の動きへのアメリカの怒りは、すでに第一章でも詳述した。

第三には、アメリカが基本的に開放された国だという歴史的な実態である。

本来、移民の国だったアメリカには違法、合法の外国人たちが常に大量に流入してくる。トランプ政権が違法入国者をいかに厳しく取り締まっても流入は絶えない。アメリカ本来の外部世界に向かってのオープン性はなかなか揺るがない。

なにしろ太平洋、大西洋の両方に面する巨大国家なのだ。太平洋側、つまりアメリカの西海岸では中国をはじめとするアジアからの人の流れが絶えない。大西洋側、つまり東海岸ではヨーロッパからの人の流入が膨大なのである。

コロナウイルスの当初の侵入はすべて中国からアメリカ西海岸へ、という経路だった。だがその人の流れを一月末に止めても、今度は中国からヨーロッパに侵入したコロナウイルスがアメリカの大西洋側から入ってきたのである。

第四は、アメリカにとっての中国との交流の巨大さである。

中国はアメリカにとっての世界最大の貿易相手国だった。人的交流も多かった。なにしろ中国からの高等教育レベルの留学生だけでもアメリカ国内に四十万人近くいたのである。

そのほかにも近年は、中国人のアメリカ在住者が急増していた。中国の経済パワーが大きくなり、米中両国の経済の絆が太くなるにつれ、両国間を頻繁に往来する中国系の人たちの数も増加していた。トランプ政権は中国からの来訪者の入国を一月三十一日に止めたが、遅きに失したといえよう。中国の正月にあたる春節一月二十五日前後の米中間の人間の大移動は、すでに終わった段階だったのだ。

第五は、アメリカでの連邦政府と州政府の力関係である。

連邦主義を基本とするアメリカでは各州の力が強い。大統領の意のままにならない余地が大きいのだ。とくに大統領とは異なる政党の州知事は自主性を発揮する。

だからこのアメリカ独特の地方分権の要素が強い政治システムは、国家全体が一致しなければならないという対応に際して、しばしば足並みの乱れにつながることがある。今回もその傾向があった。

戦争のような明白な外敵との戦いとなれば、別である。各州も連邦政府の主導の下に固く団結する。だがコロナウイルスは外部から襲来したとはいえ、その後の感染対策はアメリカの国内問題となった。

国内問題では州政府は連邦政府に対しても、かなりの自主性を発揮できることに加えて、共和、民主両党の党派の争いという要素が機能した。ウイルス感染でもっともその被害が大きかったニューヨーク、カリフォルニア、ワシントン各州の知事はみな民主党員だった。だからトランプ大統領とは、ウイルス対策でも主張のぶつかることが多かった。

国家非常事態宣言となってもなお国民の行動の規制などは、大統領よりも州知事の権限にゆだねられる部分が少なくないのだ。大統領と知事の考えがぴったりと一致している場合は問題ないが、異なる場合も多々あった。そのズレが防疫対策でも、ときにはブレーキになったといえる。

第六は人種差別反対を唱えた全米規模の抗議運動だった。規模は異なるが、政治集会も同様の問題を起こしたといえる。

この要因についてはこの章の冒頭ですでに報告したとおりである。

再度上昇するトランプ大統領の支持率

以上のような各要素の複合によって、アメリカではコロナウイルスの感染者が倍々増をはるかに上回るショッキングな勢いで増えたとみられているのである。

しかもその勢いは七月に入っても止まる気配はない。コロナウイルスが超大国アメリカに与える傷は計り知れないほど巨大なのである。

だがその流れのなかで奇妙な現象も起きた。トランプ大統領の支持率がまた高くなったのだ。前述のように三月中旬に高くなったトランプ大統領の支持率が二ヵ月後の五月中旬に再度、上昇したのである。これはどういうことなのか。

アメリカの世論調査機関のなかでも最古の伝統を有するギャラップ社は五月十七日、トランプ大統領の人気に関する最新の全米世論調査の結果を発表した。その発表によると、五月一日から十三日の間に実施された調査で「あなたはトランプ大統領の統治ぶりを支持しますか」という質問に「イエス」と答えた人が全体の四九％、「ノー」という回答が四八％という集計が出た。

トランプ大統領への支持率四九％という数字は、前述の三月の調査結果とちょうど同じ水準だった。ギャラップ社が二〇一七年一月の同大統領就任時から定期的に実施してきた世論調査ではもっとも高いという。それ以前も以後も同社の調査でのトランプ大統領の支持率は四〇％台前半から四五、四六という水準を前後していた。

ギャラップ社の世論動向分析者のジェフリー・ジョーンズ氏は次のように論評した。

「アメリカ全土がコロナウイルスの大感染に襲われ、経済が麻痺するなかで、その対策の最高指導者のトランプ大統領への人気が上がることは、国民多数が大統領の防疫対策、さらには経済政策を基本的に支持し、さらに五月に入ってのウイルス感染の拡大停滞の兆しにやや元気づけられたことなどが原因とみられる」

この五月の時点でのトランプ大統領の支持率は前任のオバマ氏や、その前の二代目ブッシュ氏とくらべると、どうだったのか。

トランプ大統領にとって二〇二〇年五月というのは、就任から三年四ヵ月後となる。同じギャラップ社の記録によると、各大統領の就任から三年四ヵ月目の時点での支持率はオバマ大統領四七％、二代目ブッシュ大統領も四七％、初代ブッシュ大統領は四一％、カーター大統領四〇％だった。

これに対してトランプ大統領は就任から三年四ヵ月の時点での支持率は四九％であり、歴代の大統領たちより高かったのである。ちなみに過去六人の歴代大統領のうち、この時期の支持率がトランプ大統領よりも高かったのはクリントン大統領の五四％、レーガン大統領の五三％という二人だけだった。しかもトランプ大統領よりもこの時点での支持率が低かったオバマ、二代目ブッシュ両大統領はともに再選を果たしているのだ。

だからこの時点での世論調査だけみれば、トランプ大統領は前代未聞の凶悪コロナウイルスに襲われながらも、アメリカ国民からの支持は高かったのである。つまりはトランプ大統領のコロナウイルス対策もこの五月の時点、さらには三月の時点ではアメリカ国民の多くから高い支持を得ていたということなのだ。

トランプ大統領支持がなぜ、こんなふうに高まったのか。その理由としては以下のような要素も考えられた。簡単にいえば、アメリカでの国家の重大な危機には国民が一致団結する歴史的な傾向である。

私自身の体験でも二〇〇一年九月のイスラム過激派、アルカーイダによるアメリカに対する同時多発のテロ攻撃の際の現象だった。青天の霹靂《へきれき》、外部世界からの突然のテロ攻撃、しかも大規模、テロ組織にハイジャックされたアメリカ民間の旅客機四機のうち、二機がニューヨークの世界貿易センターに突入した。

もう一機は首都ワシントン近くの国防総省の巨大なビルに自爆攻撃をかけた。最後の一機もハイジャックされ、おそらくホワイハウスへの突入を狙ったとみられたが、乗客たちの勇気ある抵抗によって旅客機自体がペンシルベニア州の山林に墜落した。アメリカ国家の中枢が深く傷つけられたのだ。その際にはアメリカ国民は明らかに超党派の断固たる一致団結をみせた。時の大統領の下での団結だった。

このテロの際の大統領は二代目のジョージ・ブッシュ氏だった。ブッシュ大統領に対しては就任当初から批判や抗議が多かった。その前年の二〇〇〇年十一月の大統領選挙で民主党候補のアル・ゴア元副大統領と史上稀なほどの大接戦となった。得票のふつうの計算だけでは結論が出ず、最高裁判所の判断を仰いでやっと勝者と判定された。だから民主党側はブッシュ大統領の正当性をなかなか認めなかったわけだ。

ところがブッシュ大統領就任から八ヵ月ほどで起きたテロ攻撃でアメリカ国民数千人が一気に殺されると、その反撃には国民も野党も大統領の下で固い結束をみせたのだった。一部の世論調査では、ブッシュ大統領への支持率は数週間で三〇ポイントも高くなった。

ギャラップ社の世論分析専門家ジェフリー・ジョーンズ氏も、こうした過去の実例を踏まえて、二〇二〇年五月のトランプ大統領の支持率の上昇の背景について次のような論評をしていた。

「アメリカでは国家の危機となると、現職大統領の支持率が高くなることは歴史的なパターンだといえる。もっともわかりやすい例は第二次世界大戦発生時でのフランクリン・ルーズベルト大統領への驚異的な国民の支持の高まりだった」

人気が上下するトランプ大統領の不思議

しかしこの五月の支持率急上昇から一ヵ月もたたないうちに、トランプ大統領の世論調査でみる人気は落ちていった。ほとんど選挙運動をしていない民主党バイデン候補に全米でも主要各州でも支持率で差をつけられたのだ。その実態は前章で報告したとおりである。

もちろん大統領の人気の実態は、特定の世論調査の数字だけではわからない。世論調査はあくまでも瞬間風速の測定である。風速は常に変わっていく。その時点だけでの状態の反映なのだ。だからいまの「バイデン候補優勢」という状況も今後どうなるかはわからない。肝心のアメリカ国内でのコロナウイルス感染の拡大は、まだ止まる兆しをみせていない。トランプ大統領の対策の真価が問われるのは、これからである。

七月に入っての「トランプ大統領の支持率急落」は、アメリカのメディアでも日本のメディアでも大々的に報じられている。

日本の識者でも一部メディアでも、もうこの状況で十一月の大統領選挙の結果が決まってしまったかのような予測も出始めた。もともとトランプ大統領の動きには、すべて反対するという反トランプの思いこみの強さを感じさせる「予測」だといえる。

だがこうした反トランプ志向のメディアも識者も、ごく最近の三月や五月の大幅な上昇はほとんど触れてこなかった。アメリカでは現実にこの三月と五月のギャラップ社の世論調査結果は、トランプ大統領の政敵の民主党陣営や民主党支持の大手メディアを驚かせていたのだ。

こうした日米両方のメディアがらみの偏向メカニズムはトランプ政権の今後の動向、さらには大統領選挙の展望を読むうえで十二分に意識しておかねばならないのだ。

第四章 トランプのメディアとの戦い

トランプ大統領の内なる最大の強敵

トランプ大統領にとってはコロナウイルスと戦ううえでも、中国と対決していくうえでも、再選を果たすうえでも、内なる大きな敵がいる。

それはアメリカの主要ニュースメディアである。より正確には主要メディアの多くだというべきだろう。メディアとはもちろん新聞、テレビ、ラジオ、雑誌にいたるまでの報道機関のことである。いわゆるマスコミのことだ。

アメリカの大統領にとって、アメリカの新聞やテレビが敵だと述べることは奇異かもしれない。しかし現実にトランプ大統領、さらに政権にとって政治面での敵は、野党の民主党と密着した大手メディアなのである。アメリカの主要報道機関が国内政治面では、きわめて党派性の強い動きをとることを私はさんざんに目撃し、体験してきた。手痛い思いをも味わわされた。

ワシントンでの日本人新聞特派員としてじっくり腰をすえて取材にあたった最初の大統領選挙は一九八〇年だった。当時、毎日新聞の記者だった私は、民主党の現職ジミー・カーター大統領と共和党ロナルド・レーガン候補との対決を報道した。

その過程では自分で直接に両候補の選挙キャンペーンを見聞し、演説や討論をも視聴した。だが情報量の豊富なアメリカ側のメディアでは、ニューヨーク・タイムズとCBSテレビの報道や予測を参考にした。そしてカーター大統領が勝利するだろうと確信した。

だが結果はレーガン候補の歴史的な大勝だった。私がその両メディアから得ていた情報や判断はまったくまちがっていたのだ。当時、新聞では最有力のニューヨーク・タイムズも、全米テレビでは視聴率最高のCBSも、カーター大統領が政治家としてはレーガン氏よりずっと優れており、全米レベルでも人気が高いという構図をずっと描いていたのである。

当時は、いまのような世論調査が少なかった。だから日本人特派員にとってアメリカ側の新聞やテレビの報道、論評に依存する度合いが、最近よりずっと高かったのだ。その結果、読みまちがったのである。

その理由はごく簡単だった。ニューヨーク・タイムズもCBSテレビも民主党リベラルのカーター大統領を支援していたのだ。共和党保守のレーガン候補には批判的な対応だった。論評でも欠点を強調し、草の根でのレーガン人気を過小評価していた。それを読み、視聴すれば、どうしてもカーター大統領が選挙に勝つだろうと思いこんでしまうわけだ。

この偏向を当時の私は知らなかったのである。さすがに私は毎日新聞に誤報を載せることはなかったが、この際の自分の判断ミスは痛烈な教訓だった。

この時期からアメリカの大手メディアの多くは、伝統的に民主党支持だと知った。その「支持」もちょっとやそっとではない。大手メディアの記者も編集者も大多数が民主党の党員、あるいは登録支持者なのだった。それらメディアの幹部たちがときの民主党政権に高官として勤めることも、ごくふつうにあったことだった。大統領が共和党になれば、また元のメディアにもどってくるのだ。そんな動きは「回転ドア」とも呼ばれていた。

その種の大手メディアのニューヨーク・タイムズ、ワシントン・ポスト、CBSなどは、それぞれ立派な報道機関でもあった。CNNはまだ存在しなかった。

それらの大手メディアは日ごろ、国内国際のニュースを幅広く綿密に、そして客観的に報じていた。世界のジャーナリズムの規範になるだけの資質を有していた。

ただし国内の政治、とくに選挙となると、ふだんの客観性をかなぐり捨てるような民主党びいきになるのである。そして共和党にはことさら冷淡、あるいは攻撃的にさえなる。ときの政権に対する批判も、相手が民主党か共和党かで態度が異なってくる。

アメリカン・ジャーナリズムの輝かしい調査報道として有名なウォーターゲート事件にしても、調査して追及する対象が共和党のリチャード・ニクソン大統領だからこそだ。民主党のクリントン大統領、オバマ大統領の疑惑に鋭いホコ先は向けないのだ。

私自身、アメリカの議会の共和党メンバーたちから何度も聞いた言葉を思い出す。

「私たちが選挙戦で自分の議席確保から大統領選での応援まで、キャンペーンをするときの敵はいつも二つある。一つは政敵民主党、もう一つは民主党びいきの大手メディアだ」

共和党の政治家たちはそんな苦情をこぼしながらも、メディアの偏向を正面から非難することは、まずなかった。

ところがドナルド・トランプ氏は主要な政治家としては初めて、民主党支持のメディアに対して正面から敵対姿勢を鮮明にしたのだ。

どんな政治家もできなかった民主党系メディアとの全面対決

それらメディアは選挙戦中からトランプ氏を批判する発信が多かった。トランプ大統領誕生が決まると、それこそ電気に触れたような勢いでその批判をエスカレートさせた。反トランプの大報道を展開し始めたのだ。

その中核となったのが、前述のニューヨーク・タイムズ、ワシントン・ポスト、CNNだった。反トランプの傾向に歩調を合わせる他のメディアも多かった。ニューズウィーク、タイムという週刊ニュース誌、テレビの地上波ではCBS、NBC、ABCという三大ネットワークなどの最大手が大統領への批判的なスタンスを程度の差こそあれ、はっきりとさせていた。とくにトランプ叩きとも呼べる激烈な反トランプ基調では、有線ニューステレビのMSNBCが目立った。

もっとも主要メディアのすべてが民主党支持ではない。中立もトランプ寄りもあるのだ。近年の状況では主要新聞のうちウォールストリート・ジャーナルは、反トランプでも民主党支持でもない。いくらか共和党寄りの中立に近い。大統領への批判的な記事も載せるが、功績や成功も報道する。同紙はアメリカの新聞では最大の部数を発行しているから、影響力も大きい。

テレビではFOXが共和党寄り、トランプ大統領を支持するのが基調だといえる。ニューステレビでは全米最高の視聴率を誇っており、民主党支持のCNNの報道を偏向だとして非難することも多い。FOXはトランプ大統領がもっとも好むテレビ局だとされる。

とはいえメディアの数や規模でみれば、主流派、多数派はやはり反トランプである。とくに影響力の強いニューヨーク・タイムズやワシントン・ポストはトランプ政権の誕生当初から強烈なネガティブ報道を展開した。典型は「ロシア疑惑」だった。

この「疑惑」は、いまでは民主党と反トランプ系メディアが連帯した虚構だったことが判明している。疑惑の核心の「二〇一六年の大統領選ではロシア政府機関がトランプ陣営と共謀してアメリカ有権者の票を不当に動かした」という糾弾には、なんの証拠もなかったことが特別検察官の二年近くの捜査で明確となったのだ。

反トランプのメディアの側は民主党リベラル派と結びつき、選挙で選ばれてしまった大統領を選挙ではない方法を使っても、なんとかして打倒しようという目標を隠さないのである。その背景には年来の政敵の共和党候補のなかでも、ドナルド・トランプという人物だけはどうにも許容できないという強い思いが明らかにみえていた。

トランプ大統領の側もこの種のメディアを公然と非難して、「アメリカ国民の敵」とまで呼んだ。CNNやニューヨーク・タイムズが報じる具体的な記事を名指しして「フェイクニュース」と断じた。正面衝突となったのである。これまでの共和党の、どの大統領も連邦議員もできなかった民主党系メディアとの全面対決でもあった。

反トランプ・メディアの側は「ロシア疑惑」の後、「ウクライナ疑惑」を大々的にプレイアップして、連邦議会の民主党議員たちをあおり、大統領の弾劾をなんとか成立させようとした。だがこの試みも成功しなかった。「ウクライナ疑惑」で大統領訴追を求める議会での弾劾手続きは二〇一九年十二月に始まり、終わったのはなんと二〇二〇年二月五日だった。連邦議会の上院が大統領は無罪だとする評決を下したのである。

だがこの時期はアメリカでは、もうコロナウイルスの感染が始まっていたのだ。

反トランプ情報のみが日本で報道されている

反トランプ・メディアは、それでなくてもトランプ大統領の成功例はほとんど報道しない。この政権下ではコロナウイルス大感染の前までアメリカ経済は記録破りの好況だった。失業率は何十年ぶりの低下だった。経済成長率も勢いがよかった。ニューヨーク株式市場も市場最高の高値を記録していた。規制緩和と減税を組み合わせた政策の明らかな成功だった。

だが反トランプの新聞やテレビはそれを決して大きくは報じない。ほとんど無視に近いのだ。そのかわりに大統領のちょっとした言葉のミスや政権内の主張の食いちがいなどを極端に拡大して、報道する。そのネガティブ報道だけを読むと、大統領も政権も失敗、失態、錯誤を重ね、アメリカ国民一般からも忌避されているような印象を受けるわけだった。

コロナウイルスの報道でも同様だった。ニューヨーク・タイムズなどは大統領の放言、失言、政策の小さなミスなどを拡大してネガティブな報道を続けてきた。政権の初期の対応が国民多数の賛同を得たことなど、無視なのである。

ちなみに日本でも主要な新聞やテレビは、アメリカ側の反トランプ・メディアからの発信に依存した報道が多い。日本側のアメリカ通とされる人たちの間にも同様な傾向が目立つ。

その日本側のメディアや識者から発信される「トランプ報告」からは、大統領が肝心のアメリカ国民の大多数からも嫌われ、拒まれているというイメージが生まれてくるといえよう。少なくともトランプ大統領がこの三月と五月に就任以来の最高支持率を記録したなどという現実は伝わってこないだろう。なにしろ反トランプのメディアの記者たちは大統領の前向きな政策は無視して、あら捜し、揚げ足取りに徹していた。「アメリカ国民がいま多数、死ぬのはトランプの誤算のため」という評論が堂々と発信されるのだ。

私も四月前後のトランプ大統領の記者会見は連日、細かく視聴した。その場での反トランプのメディアの記者たちによる次元の低い大統領攻撃には呆れはてた。

質疑応答でも記者の発言は質問ではなく「あなたのウイルス対策はいま失敗しているが」というような自分の意見を大声で述べることから始まるのだ。大統領が答えようとすると、途中でさえぎって「それはまちがっている!」と自説をぶつける。しかも何人もがタッグチームのように組んで、いやがらせとしか思えない粗雑な言辞を吐くのである。

その結果、ワシントン・ポストやCNNは「大統領はファウチ医師を解任する」などという誤報を発信した。会見の場でトランプ大統領と同医師の両方から、すぐに否定されるというような出来事が続いた。

ただしトランプ大統領も「それはフェイクニュースだ」とか「そんな荒々しい声を出す必要があるのか」と怒りながら反発することがある。だがトランプ叩きのみというおなじみの記者にも、きちんと発言の機会を与えており、マナーという点では大統領が確実に上だった。反トランプ・メディアはたとえ国家の危機で団結どころが、足をひっぱる一方の政治党派性まる出しなのである。

だが五月末までのかなり長い時期、一部メディアのトランプ叩き報道がこれほど続いても、一般国民のトランプ大統領支持が下落しなかった点がおもしろい。徹底した反トランプ報道に影響される人があまり多くなかったということだろう。

そのかわりに日本ではトランプ大統領が「政権内部の専門家に抗議された」「一般人は消毒液を飲めばよいと暴言した」「統治能力がない」というような「失敗」「無能」のイメージを拡大する報道がほとんどだった。

繰り返しとなるが、こうした報道はアメリカ側でトランプ叩きに徹する民主党寄りの特定メディア、具体的にはニューヨーク・タイムズ、ワシントン・ポスト、CNNテレビなどの偏向の産物なのである。日本のメディアでは、これらのアメリカ側大手メディアの報道をそのまま使う傾向が長年、顕著なのだ。

支持率を「下がるべきだ」と願望で書く記者

では反トランプ・メディアがいくらトランプ大統領を叩いても、大統領への支持率が下がらなかった現象を叩く側はどうみるのか。ひとつのおもしろいケースがある。

トランプ大統領を叩く側からすれば、これほどの「失態」や「無能」を報道される大統領に一般国民の支持が長く続くはずがないという見方ともなろう。続くべきではないという意見にもなるだろう。このへんを叩く側はどうみているのか。

その点で意外にわかりやすい答えを与えるアメリカの新聞の記事を発見した。私自身も、なるほど、こういうことなのかと奇妙に納得させられた記事だった。

トランプ大統領と反トランプ・メディアのややこしい関係を、単純に解明している感じの記事でもあった。ワシントン・ポスト五月十四日付の記事である。

「トランプはコロナウイルスの猶予期間から利益を得ているが、永遠には続かない」という見出しだった。さらりと読んでまず、これほど素直で主観的な新聞記事も珍しいと思った。素直というのは、筆者の思惑や感情がまっすぐに表れているという意味だ。

主観的というのは事実をそのまま客観的に報じるのではなく、同じ事実について書くにも、自分自身の意見や判断を強く前面に押し出しているという意味だった。

筆者は同紙の世論調査分析専門のデービッド・バイラー記者だった。記事の中身は、トランプ大統領の支持率がウイルス危機でも一貫して高い最新の世論調査結果の報告だった。

この記事がワシントン・ポストに載ったのは、先に紹介したギャラップ社の調査結果が発表される一日前である。バイラー記者がこの記事を書いた時点では、そのすぐ翌日にトランプ大統領の支持率上昇をさらに証明する調査結果が発表されるとは、まったく知らなかったことになる。

さてバイラー記者はその記事の冒頭で、トランプ大統領のコロナウイルス対策面での「ミス」や「過ち」の数々を指摘していた。正確には同記者やその所属するワシントン・ポストというメディアからみての「ミス」や「過ち」ということになる。

同記事はさらにそうしたトランプ大統領の失政についての「解説」で「トランプ大統領はウイルス対策で失敗を重ねているのだから支持率は本来、下がるべきだ」という意見も述べていた。しかしこの「意見」は筆者のまさに願望の表明だった。ふつうの新聞記者なら、特定の政治家の「支持率は本来、下がるべきだ」という主観的な願望はまず述べはしない。自分の取材対象なのである。

バイラー記者は、さらにトランプ大統領へのアメリカ国民の支持率について「でもまもなく必ず下がるだろう」という「予測」も書いていた。

いまの支持率の高さは「国家の危機に国民が大統領を支持する特別な『猶予期間』なのだ」という。そんな高支持率が「永遠に続くはずがない」とも述べるのだ。

だがこの「予測」を裏づける証拠はなかった。トランプ大統領の支持率は現にまだ下がってはいなかったからだ。だから「支持率が下がる」という予測ふうの記述は、単に筆者の願望にすぎない。しかもわかりやすい、きわめて素直な願望である。

ここまで読むと、上昇している大統領支持率を前にして下降の兆しもないのに、それが下降するだろう、いや下降しなければならないと書くのは、子どもっぽい希望、願望の表明にすぎなくみえてくる。主観としかいいようがない。

トランプ支持率の高さが悔しくて仕方がない？

そもそも自分の気持ちをまず大前提に大統領の実績を論考するのは偏見だともいえる。だからこの記事は、トランプ叩きに徹するワシントン・ポスト全体の偏向がわかりやすい展示とも読めるのだ。

この記事の客観的な部分は、トランプ大統領の五月前半の支持率として各種世論調査を総合するリアル・クリアー・ポリティックス（ＲＣＰ）では四四％、前回の大統領選でもっとも正確な世論調査結果を出したラスムセン社の調査でも四六%という数字が出たことを伝えていた。これらの支持率の数字はみなコロナウイルス危機の始まる前と同じか、あるいはその危機の始まり以降に上昇した水準だと報じられていた。となると、ワシントン・ポストの願望としては本来あってはならない現象が起きたのだといえよう。

同記事は、とくにトランプ大統領の経済運営についてアメリカ国民の支持率が五〇%と高いことを指摘していた。その点についてウイルス危機での経済崩壊に近い環境では、さらに驚きだと強調していた。このへんの「驚き」の解説部分には、その高支持率がくやしくてしかたないという筆者の心情があらわに出ていた。この記者の心情の表明もきわめて素直だといえた。

だがその素直さは、記事全体の「主観的すぎる」特徴や客観性の欠落を明示する結果となっていた。皮肉にもこのワシントン・ポスト報道の翌日、世論調査の最古参ギャラップ社がトランプ大統領の支持率が同社調査でこれまで最高の四九%を記録したと発表した。前述のようにオバマ、二代目ブッシュの両大統領の同時期より高い支持率だった。

この現象について長年のメディア研究機関「マクローリン研究所」のジョン・マクローリン所長が論評していた。

「民主党リベラル系の主要メディアは政治主張に引きずられ、事実の尊重が減り、一般国民の信頼を失ってきた。最近の当研究所の調査では『メディアはトランプ大統領についての報道で公正だと思うか』という問いにノーと答えた人が全体の四八％で、イエスの四二％を着実に上回った」

確かにワシントン・ポストなどは、トランプ大統領就任当初から「ロシア疑惑」でクロと決めつける報道を続けてきた。前記のようにその後は「ウクライナ疑惑」による弾劾で、さらに同大統領の「悪」を強調してきた。

だがいずれの場合もトランプ氏は倒れることも、傷を負うこともなかった。

となると、トランプ大統領を「悪」と断じるメディアの側に欠陥があるように思えてくる。日本の主要メディアも「識者」も、アメリカ側の反トランプ・メディアへの依存の危険性を意識しておくべきだろう。

ただしこのバイラー記者の記事が出てから二、三週間後にトランプ大統領への支持率は大幅に下がった。同記者やワシントン・ポストの希望が実現した形でもあった。人種差別反対の運動の広がりが契機だった。

「人種差別」を最大の武器として使う大手メディア

これはトランプ大統領攻撃の徹底したネガティブ報道が花を咲かせたといえるかもしれな

い。同大統領就任以来の三年半もの間に初めて起きた顕著な支持率下降だったのだ。この点での「原因と結果」を考えることも意味があろう。

五月末から六月にかけての全米の人種差別反対デモでは、ワシントン・ポストもニューヨーク・タイムズもトランプ糾弾の報道に全力をあげた。「トランプの人種差別」というイメージを濃縮して拡散したのだ。

現実にはトランプ大統領の側に人種差別の実績がなかったことは第二章で詳しく述べた。

この点についてはおもしろい資料がある。

ニューヨーク・タイムズが二〇一九年夏に、次のトランプ攻撃は「人種差別」を武器に使用しようという方針をひそかに決めていたのである。同紙は大統領を倒すために、それまで「ロシア疑惑」を利用してきたが、今後は「人種差別主義（レイシズム）」を最大の武器として使うという方針を決めたことが明るみに出てしまったのだ。

くわしく言うとニューヨーク・タイムズは昨年八月十二日、ディーン・バケイ編集局長の下、幹部が集まって今後の方針を協議した。この会議の全記録がインターネット・メディアに流れてしまったのである。

二〇一九年八月といえば、「ロシア疑惑」の特別捜査が完全に終わり、捜査責任者のロバート・モラー特別検察官が議会での証言を終えて、もう追及の余地なしという総括がいやというほど明示された時期だった。

この「疑惑」をクロとして、トランプ政権を追い詰める報道を長い期間、続けてきたニューヨーク・タイムズにとっては挫折《ざせつ》の時期だった。そんな時期の編集会議だった。

その会議での総括は次のような内容だったという。

「トランプ大統領を辞任に追いこむことを大目標とする紙面づくりを続ける方針の下に、これまでは『ロシア疑惑』報道を最大の手段としてきたが、効果がなかった」

「今後はトランプ氏がレイシスト（人種差別主義者）だとする主張を最大の手段とする方針が効果があると考えられる」

レイシズム（人種差別主義）をトランプ攻撃の主材料にするという宣言だった。ニュース報道よりも政治キャンペーンを優先というスタンスの確認でもあった。

この内情が他のメディアで報道された。

「ニューヨーク・タイムズは、トランプ陣営とロシア政府との共謀による大統領選での投票不正操作をロバート・モラー特別検察官の捜査で裏づけて、大統領を辞任に追いこもうと図ったが、その裏づけは得られず、失敗に終わった」

複数のメディアの報道は、ニューヨーク・タイムズの政治活動そのものの実態を明らかにしていた。

「トランプ陣営とロシア政府が共謀」というニューヨーク・タイムズの主張も、事実の公開よりもトランプ打倒のための政治活動だったという実態を立証することになってしまった。

ニューヨーク・タイムズの自壊と人種差別抗議デモの関連性

その結果、同紙に対して報道機関の任務を離れての政治活動プロパガンダ機関になったという批判が広まった。これらの反発は激しかった。ニューヨーク・タイムズが日ごろから敵とする共和党保守派は同紙をとくに強く糾弾した。

大統領選で共和党の指名獲得を争ったテッド・クルーズ上院議員はツイッターで「ニューヨーク・タイムズはトランプ憎悪により自壊を始めた」と批判した。

同議員は「ジャーナリストが政治プロパガンダ拡散に熱中することは報道の自由にとっても有害だ」と述べるとともに、「人種差別をあえて政治的な武器とすることは、かえってそれを広めることにもなる」と警告していた。

メディア界でもニューヨーク・ポストのベテラン・コラムニスト、マイケル・グッドウィン記者は次のように酷評した。

「特定の政治勢力へのここまでの反対や賛成を本来の報道活動に優先させるのは、ニュースメディアとしての腐敗だ。ニューヨーク・タイムズはもう報道機関としての責務を放棄し、民主党と一体の政治機関になった」

ＦＯＸテレビも「大手新聞の極端な偏向」として批判的に報道した。

肝心のトランプ大統領も八月十八日のツイッターで厳しく反撃した。

「衰退するニューヨーク・タイムズがまた失敗をした。私を攻撃する手段として、でっちあげのロシア疑惑から今度は魔女狩りのレイシズムへとシフトしたことが内部情報の流出でばれてしまったのだ」

同大統領はすでに同紙を「フェイクニュース新聞」とか「衰えた古い新聞」と断じて、糾弾してきた。

さて以上のニューヨーク・タイムズのトランプ攻撃戦略を、その後の実際の事態の展開と照らしあわせると、実に興味深い。二〇二〇年五月末から六月にかけてアメリカ国内で起きたことは、まさにこの戦略と合致するからだ。

人種差別反対から起きた騒動に対して反トランプ陣営のメディアは、大統領自身の「人種差別主義」を陰に陽に批判していた。ニューヨーク・タイムズの論調ももちろんそうだった。同紙がみごとに前年夏に立てた戦略を実行に移して、効果をあげたとみることもできるのである。

しかもその結果、トランプ大統領は倒れこそしなかったが、就任以来の最低の支持率を記録するようになったのだから、その戦略が成功したとも解釈できるわけだ。

メディアとの訴訟合戦がとまらない

トランプ大統領対反トランプ・メディアの戦いは、ジャーナリズムを舞台としていても、本質は政治の闘争である。だからといえるだろうが、トランプ陣営も単なる大統領の反撃の言辞を超える措置をとるようになった。訴訟という法的手段だった。

トランプ大統領の再選を目指す「トランプ再選運動本部」はニューヨーク・タイムズ、ワシントン・ポスト、CNNテレビをあいついで名誉棄損で正式に告訴したのだ。二〇二〇年二月から三月にかけての動きだった。

トランプ再選運動本部はまず二月二十六日、ニューヨーク・タイムズに対する名誉棄損の訴訟をニューヨーク州地方裁判所に起こした。この民事の訴状は以下の主張から構成されていた。

(1) ニューヨーク・タイムズの二〇一九年三月二十七日付が掲載した同紙元主筆で長老記者のマックス・フランケル氏が書いたコラム記事は事実に反し、トランプ大統領とその再選運動本部に多様な被害を与えた。

・現在八十九歳のフランケル記者が書いたコラム記事は『本当のトランプ・ロシア間の交換

条件』という見出しで、二〇一六年の選挙ではトランプ陣営とロシアのプーチン独裁体制の間にはロシア側のヒラリー・クリントン候補を不利にする工作と引き換えに新トランプ政権がロシアの好む政策を取るという約束があり、トランプ陣営自身もそのことをよく認識していた』と報じていた。

・トランプ再選運動本部のジェナ・エリス弁護士はこの記事に対して『その内容は一〇〇％まちがいであり、中傷だ』として、ロシア疑惑について調査したモラー特別検察官の報告書が出る一ヵ月前の時点で、ニューヨーク・タイムズ自体がその疑惑に実態がないことを知っており、フランケル記者の記事はトランプ大統領の評判を傷つけ、再選への活動を阻害することを意図していたと主張した。

(2) ニューヨーク・タイムズはトランプ氏に対して一貫して極端な偏見と憎悪を抱き、同氏の再選を阻むために事実に反する中傷的な記事類を載せることでその選挙に影響を及ぼそうと試みてきた。

・同紙は二〇一六年の選挙でもクリントン候補を公式に支持する一方、トランプ氏に関しては事実に反する報道を続け、一般有権者たちのトランプ評をきわめて悪くすることに全力を投入してきた。

・同紙はクリントン候補を単に支持するだけでなく、同候補への投票を一般読者に呼びかけるような実態の報道や論評を二〇一六年の大統領選キャンペーンの期間、継続することによって、異常に強い党派性の偏向を露呈してきた。

(3) ニューヨーク・タイムズは長年にわたり共和党非難、民主党支援の基調を保ち続けてきた結果、トランプ非難で示したような偏向が通常のあり方となってしまっている。

・同紙はここ六十年ほどの間、大統領選挙ではすべて民主党候補を支援してきた(社説でどの候補を支援するか表明する)。

・同紙は同様にここ六十年ほど大統領選挙では、すべての共和党候補に批判的なスタンスを取り、客観性をまったく欠いてきた。

以上の趣旨の訴状は究極的には、ニューヨーク・タイムズに対して損害賠償を求めていた。同紙の偏向報道によってトランプ陣営は被害を受けてきたとする主張だった。

同紙はこの訴訟に対して「トランプ選対はアメリカの報道の自由に保障された個人のジャーナリストの意見表明を抑えこもうとしている」と反論し、法廷で戦う構えをみせた。

現職大統領の選挙母体が有力新聞を名誉棄損にせよ、正面から訴訟の対象にすることは珍しかった。訴えでの争点もアメリカの政党とメディアのあり方や二大政党制の実態ともからんでおり、この訴訟の行方が注目される。

トランプ再選運動本部は続いて三月二日、ワシントン・ポストへの名誉棄損の訴えをワシントンDCの連邦地方裁判所に提出した。さらに同本部は三月六日にはCNNテレビをジョージア州アトランタの連邦地方裁判所に訴えた。この場合も名誉棄損だった。

トランプ再選本部はこの両メディアに対しても「トランプ陣営とロシア政府との共謀」という報道などを虚偽として訴えを起こしていた。

訴状はワシントン・ポストが二〇一九年六月に掲載した二本の記事に「トランプ氏は二〇一六年のアメリカ大統領選にロシア政府の介入を求めた」とか「トランプ氏は二〇二〇年の大統領選でもロシア政府の介入を歓迎している」という記述があったのは、いずれも虚偽だとしていた。そしてトランプ氏の名誉の毀損と今回の大統領選での損害を訴え、数百万ドル単位の賠償を求めていた。

CNNに対する訴状もCNNが何度も報じてきた「二〇一六年の大統領選挙でのトランプ陣営とロシア政府の共謀」という主張を虚構だと断じていた。訴状はさらに二〇一九年六月の「トランプ陣営は二〇二〇年の選挙でもロシアの支援を得ることの損得を検討し、支援を得るという選択肢をそのまま保つことにした」というCNN報道も虚偽だとして糾弾していた。

アメリカの名誉棄損に関する法律では、大統領や連邦議員のような公的人物に対する名誉棄損罪の成立には単にその報道の虚構性を証明するだけでなく、報道する側に対象を傷つけようとする悪意や敵意があったことを証明する責務が課されている。

その証明には、まず報道側がその虚偽の報道を虚偽だと知っていたことの証明も必要になるという。このためトランプ陣営側の法廷での戦いは、勝利が難しくなる側面があるわけだ。しかしその一方、メディア側も現職大統領の陣営から、正々堂々の法的手段による攻撃をかけられる圧力は大きいことになる。

ワシントン・ポストもCNNも、その所有者から経営陣、報道陣まで年来の民主党支持者である。毎回の大統領選挙では、必ず民主党候補へメディアとしての公式の支援を表明してきた。両メディアは共和党批判でも、とくにトランプ大統領への反対基調は激しかった。ごく客観的にみても二〇一六年の選挙戦中も、二〇一七年以降のトランプ政権の統治にも、一貫して強い反対の論評や報道を展開してきた。

共和党側では、大統領や議会でこの民主党支持の大手メディアの「偏向」に不満を述べる傾向が長年、続いてきたが、正面から対決する姿勢をとったのはトランプ大統領が初めてとなった。トランプ陣営が法的措置を動員して戦うことが、主要メディア側に果たしてどんな影響を及ぼすのかが注視される。

バイデン氏は認知症か

トランプ政権対主要メディアの衝突に関連して七月に入って、またまた興味ある論議が起きた。

トランプ大統領に対抗するジョセフ・バイデン候補に不利な情報が生まれたとき、その民主党候補を強く支援する反トランプ・メディアがどう対応するか。この点をめぐる大きなテストケースともなった。

論議の起源は、バイデン氏の認知症の可能性についてだった。

アメリカの有権者たちの間で、バイデン氏が認知症を病んでいると思っている人が全体の四割近くいるという世論調査結果が出たのだった。七十七歳のバイデン氏は事実関係と異なる発言をすることをたびたび指摘されてきた。その原因を認知症だとみるアメリカ有権者が全体の三八%もいることが最新の全米世論調査で判明したのである。

この調査結果は七月の時点では、現職のトランプ大統領を支持率で大幅にリードしているバイデン候補の本格的な選挙キャンペーンに大きな影を投げることは確実だろう。

同時にバイデン氏にとって不利なこの情報を主要メディアがどう扱うかも、重要な関心の対象点となった。

詳細はこうである。アメリカの世論調査機関で最大手のラスムセン社は六月二十九日、バイデン候補に関する新たな全米世論調査の結果を発表した。全米約一千人の有権者を対象に六月二十五日から二十八日までの調査実施だった。

その際の二つの質問は以下のようだったという。

「ジョー・バイデン氏の頻繁な失言や混乱した言明は、なんらかの形の認知症を病んでいるからだという批判があります。バイデン氏にとってこの認知症問題を公式の場で説明することはどれほど重要だと思いますか」

回答は、①非常に重要だと思う、②いくらかは重要だと思う、③それほど重要ではないと思う、④まったく重要ではないと思うの四つである。

「あなたがみたこと、読んだことから判断して、あなたはジョー・バイデン氏がなんらかの形の認知症を病んでいると思いますか」

回答は①そう思う、②思わない、③わからないの三つになっていた。

ラスムセン社の発表によると、最重要な第二の質問に対して、「バイデン氏がなんらかの認知症を病んでいると思う」と答えた人が全体の三八%だった。「そうは思わない」が四八%、「わからない」が一四%となった。

同調査ではさらに政党支持別に分けると、同氏が認知症だと思うと答えた人は民主党支持層では全体の二〇%、共和党支持層は六六%、無党派層は三〇%という結果が出た。

第一の質問の「認知症問題を公式の場で説明することは、どれほど重要だと思うか」に対しては「非常に重要」と「いくらかは重要」と答えたのは合わせて六一%、「それほど重要ではない」が三六%、そのうち「まったく重要ではない」が一九%だった。

ラスムセン社は多数あるアメリカの世論調査機関のうちでも最大手、大統領への支持不支持の調査を毎日、実施している唯一の組織である。二〇一六年の大統領選でも一貫して世論の動向をもっとも正しく伝えたとして評判が高い。

その調査で、「バイデン候補が認知症を病んでいると思う」と答えた人が全米で平均すると十人に四人近くとなった結果は全米を驚かせた。とくに民主党のバイデン陣営にはショックな情報だといえよう。

アメリカの一般メディアでもワシントン・ポストやCNNテレビのように民主党候補のバイデン氏への支持を鮮明にしているところを除いては、多数が「驚きの世論調査結果」として大きく報道した。

大統領選挙の候補者に認知症の強い疑いがあるとなれば、有権者が引いてしまう可能性は十分すぎるほどあるだろう。バイデン陣営にとっては危機とも呼べる事態かもしれない。

ただしバイデン氏には、その疑いを生むだけの問題がもともと多々あったのだ。バイデン候補は有権者への直接の語りかけとなる選挙活動を、コロナウイルス感染拡大を理由にほとんどしていない。だがそれでも最近の公開の場での発言では、六月に入ってからも「コロナウイルスでアメリカでは一億二千万人が死んだ（実際のアメリカの死者がその時点で十二万人だった）」と述べたことがある。

バイデン氏はそのほかにもバージニア州内にいるときに「ここノースカロライナ州では」と発言したり、オハイオ州とアイオワ州をまちがえたりという失言やミスを続けてきた。その種の発言が多いことは否定しようがないのである。

だから「バイデン氏は認知症ではないのか」という疑問や指摘は、単に反対派の共和党やトランプ陣営だけでなく一般でもかなり広範に表明されてきた。

今回の調査結果は、アメリカ国民一般のレベルでその認識が全体の三八％という高い比率で広がったことを証したことになる。なお認知症については、アメリカで評価の高い総合医学機関の「メイヨークリニック」が「記憶、思考、社会的能力に関して日々の生活に障害を起こすような一群の症状」と定義づけている。

主要メディアの間ではFOXテレビがこの世論調査結果を正面から報道した。一方、CNNやワシントン・ポストは「トランプ陣営支持のFOXはなぜバイデン候補をあえて傷つけるような認知症問題を大きく取り上げるのか」という疑問を提起する記事や番組を発信していた。

「バイデン氏認知症？」などというテーマを取り上げること自体が民主党への意図的な攻撃だとする対応だった。アメリカの主要メディアの政治性というのは、ここまで根が深いのである。

第五章 アメリカ官民一体の中国敵視の構造

州政府が中国を訴えた

コロナウイルスの大感染によって、アメリカで中国への敵視を強めたのはトランプ政権だけではない。政府だけではないのだ。議会や各州、民間でも激しい中国への反発や警戒が広まっていったのだ。

この大きな潮流がアメリカ全体の対中姿勢を強硬にして、国際情勢全体への根本的な変化の要因となっていくことはまちがいない。

アメリカの地方や民間での中国への認識を象徴する動きの一つは、コロナウイルスでの被害の賠償を中国当局に求める訴訟だった。アメリカ中西部のミズーリ州当局が中国の政府や共産党に対して新型コロナウイルス大感染の責任を追及し、損害賠償を求める訴訟を正式に起こした。二〇二〇年四月二十一日、アメリカの単独の州としては初めての訴えだった。訴訟の主体は州政府であって純粋な民間ではないが、草の根の意向を反映しての動きだった。

その時点で、すでにアメリカの連邦議会や一般の民間団体でも同様の中国への賠償請求の動きが広がっていたのである。ミズーリ州の訴訟は、アメリカ全体のコロナウイルス感染に関する今後の険しい対中態度の象徴ともいえたのだった。

ミズーリ州では四月二十一日の時点でコロナウイルスの感染者は五千九百六十三人、死者二百十五人、経済的損害は少なくとも四百四十億ドルとされていた。

ミズーリ州当局は中国に対する訴訟を同州セントルイス連邦地裁に起こしたのである。訴訟の直接の責任者となったミズーリ州当局のエリック・シュミット司法長官は、理由を次のように説明した。

「ミズーリ州では中国発のコロナウイルスの感染による被害は莫大であり、数千人が感染し、多数が死亡した。多くの州民が家族から悲痛な別れを余儀なくされた。莫大な経済的損失をも受けた。中国政府はこのウイルスの危険や感染について全世界に向けて虚偽を述べ、内部からの報告者を沈黙させ、感染拡大の措置を取らなかった。その責任は追及されねばならない」

そのうえで同州司法長官は訴状の内容を公表した。訴状の要旨は以下のようだった。

・中国当局によるコロナウイルスに関しての繰り返しの違法で不当な行動や、その隠蔽はミズーリ州民多数の生活、健康、安全に対して有害と危険をもたらした。

・中国当局による欺瞞、隠蔽、過失、そして無行動という唖然とさせられる対応がこのパンデミックを世界に広げた。とくに武漢でのウイルス発生当初の数週間の中国当局の態度が国際的な大感染の原因となった。

・防疫には最重要だった当初の数週間、中国当局は国民をだまし、致命的に重要な情報を隠し、警告を発した医師たちを罰した。さらに人間から人間に感染する事実を抹殺し、超重要な医学情報を削除し、全世界の人々への感染を生じさせた。しかも中国政府は医療上の防護服類を買い占めて不当な巨利を得た。

・ミズーリ州当局は中国政府のこうした態度はまったくの不当、不必要だったとみなし、その意図さえあれば、簡単に変えられたと判断する。そして財政的な賠償金を求めるだけでなく、中国当局が犯した罪をそのウイルスの真の発生源についての調査を含めて、今後継続して解明していく。

アメリカの州のうちの一つだけでも、これだけ怒っているのである。中国政府をアメリカの敵として位置づけているのだ。

州民の個人レベルでの被害を直接に中国の政府や共産党に結びつけていたともいえる。コロナウイルスをアメリカで大流行させたのは、第一に習近平政権の隠蔽や虚偽の行動のためだとも断じて、損害の賠償を要求しているわけである。

この動き一つ、訴状の内容一つでアメリカ全体の激怒の実態がよくわかるだろう。

ただしこの訴えにも障害はある。アメリカやその他の諸国には、他の主権国家自体に対する訴訟を禁じる法律があるのだ。アメリカの場合、「外国主権免除法」という法律である。だから州当局や民間団体が、中華人民共和国という主権国家を訴えることはできないのではないかという疑問が起きる。だが、この障害も乗り越える方法はあるようだった。ミズーリ州の場合も出発点から、その点への配慮はしていたのである。

この外国主権免除法は、外国政府による商業活動やアメリカ国内での違法行為を訴訟の禁止対象から除外している。

ただしミズーリ州の今回の訴訟はその除外規定を利用するよりも、訴えの相手に中国政府だけでなく、中国共産党や武漢市当局などを含めていた。主権国家の政府以外の組織を損害賠償請求の相手に加えたのだ。中国側の責任回避を阻むように意図したわけである。

ここで当然の疑問がわく。アメリカ側がいかなる法的な手段をとっても、中国は絶対に賠償金など払わないのではないか。非や過ちをとにかく絶対に認めないのが中国の特徴なのではないか。

これらは当たり前の疑問であろう。だがアメリカ側もそのへんの現実は十分に承知している。それでもなお訴訟の手続きを実際にとることこそが重要なのである。

アメリカでは、ウイルス拡散に対する中国の責任を法的に追及する動きが、このように官民両方の領域でともに高まってきたのだ。民間では、フロリダ州やテキサス州などで合計七つの団体が中国当局に対する損害賠償請求の集団訴訟を起こした。

超党派のアメリカ議会も痛烈に中国を非難

アメリカ議会での中国を非難する動きはさらに激しかった。

連邦議会では二〇二〇年三月二十四日、上院のジョッシュ・ホーリー議員（共和党）、下院のセス・モールトン議員（民主党）、エリス・ステファニク議員（共和党）ら約十人の超党派グループが中国政府に賠償支払いを求める動きをとった。

コロナウイルス感染症に関して中国政府の責任を法的に追及し、感染の国際的な拡散によって被害を受けた諸国への賠償支払いを求める趣旨の決議案を上下両院に提出したのである。単にアメリカだけでなく他の諸国への中国からの賠償を要求した点が特徴だった。

その決議案の骨子は以下のようだった。

・中国政府がコロナウイルスの感染の拡大や殺傷性を意図的、かつ組織的にカバーアップ（隠蔽）する工作を実行するという非道徳的な決定をしたことはアメリカ国民を含む数十万の人間の死をもたらした。

・アメリカ議会は中国政府に対して、その傲慢な決定が全世界にわたって生んだ有害、損失、破壊に対して、法的な責任をとって損害賠償金を支払うことを求める。

・アメリカ議会は国際社会に対して、それぞれの国家が中国の行動によって受けた損害を数量的、金額的に測定し、中国からの賠償金を受け取るための法的なメカニズムを創設することを勧告する。

中国に対する糾弾は、これほどまでに激烈になったのである。

なぜアメリカの官民の中国糾弾はこのように巨大な奔流のような勢いを増していったのか。その理由を一言でいえば、中国のコロナウイルスの国際的な大感染が明白になってからの態度だった。中国政府はアメリカなどが指摘する、当初の段階での隠蔽や虚偽情報拡散の事実をまったく認めなかった。

中国はアメリカの政府からもぶつけられた「コロナウイルスの発生源は武漢のウイルス研

究所だった」という説も、全面否定だった。その真相解明のための国際的な現地調査の求めも一蹴していた。しかも中国は逆にコロナウイルスは中国が発生地ではなく、米陸軍の軍人が武漢へ持ちこんだという主張までするようになった。

そのうえ中国はイタリアなど感染を受けた国への援助の動きまでとり始めた。正体不明で危険なウイルス感染症を自国内で発生させ、大あわてだった被害国から余裕のある支援国へと立場を一転させてしまったようなのだ。

加害者から被害者への切り替えでもあった。さらに中国はアメリカへの非難を高め始めた。「ウイルス対策をきちんととれない無能」「国際的な影響力を失う凋落《ちょうらく》」というアメリカ侮蔑の言辞を連発するようになった。

アメリカ側では、中国のこうした言動にますます反発を高めていったわけである。

とくにアメリカ連邦議会で中国非難の炎が燃え広がった。議会上院では四月上旬、共和党の重鎮でトランプ大統領にも近いリンゼイ・グラハム議員が中国政府への賠償請求を強硬に主張した。グラハム上院議員といえば、議会共和党全体でも影響力の強い政治家である。

その発言の骨子は以下のようだった。

・中国が自国発生のパンデミック（世界的流行の感染症）で諸外国に被害を与えることは、近年でこれが三回目だ。中国政府の隠蔽工作や虚偽情報発信こそが今回はとくに世界的な感染を生んだのだ。

・コロナウイルス感染で被害を受けた全諸国は中国政府の責任を追及し、その被害の額への賠償金を払わせることが必要だ。その金額は当然、超巨額となるが、支払いの一策としては中国政府が保有するアメリカ政府債券をキャンセルさせる方法も考えられる。

上院ではさらにマーシャ・ブラックバーン議員（共和党）も同様の発言をした。アメリカの政府や民間企業が中国政府に対して賠償金の支払いを要求することを主張したのである。同議員の発言は以下の骨子だった。

・アメリカの官民に天文学的な金額の被害をもたらした新型コロナウイルスの感染は中国湖北省の武漢市で発生した。中国政府はそのウイルスへの防疫対策を怠り、逆に隠蔽して、感染を世界にまで広める結果を招いた。

・アメリカはその「武漢発の世界的な疫病危機の責任」を中国政府に帰して、その損害の賠償金を求めるべきだ。損害は数兆ドルに及ぶから、中国政府が保有するアメリカ政府の債券類の主要部分を放棄させることもその方法だ。

以上の両議員とも中国政府が長年、保有するアメリカ政府の各種債券をキャンセルして、その金額を損害賠償金とする一案を提唱する点では主張が共通していた。

アメリカの民間の学者たちの間でも、同様の主張が高まってきた。

コロナウイルス感染で受けた損害への責任と賠償を、中国政府に認めさせるべきだとする主張が多く出るようになったのだ。一例としてはカリフォルニア大学バークレー校のジョン・ユー法学部教授とワシントンの大手研究機関AEIの国際法専門のイバナ・ストラドナー研究員が共同で発表した「中国にいかに支払わせるか」という題の論文だった。その内容は中国側にとっての賠償金の支払い方法にまで具体的に触れていた。

同論文はワシントンの政治外交雑誌「ナショナル・レビュー」四月六日号に掲載された。

その趣旨は以下のとおりだった。

・アメリカ政府の情報機関の情報などによると、中国政府はコロナウイルスの感染についてその発生、感染者の数、症状の程度などを意図的に隠蔽、あるいは歪曲して、他の諸国への拡散を許した。その被害はアメリカだけでも死者十数万人、数兆ドルに達する。

・中国政府がもし個人、企業、あるいは国際法を守る国家であれば、グローバルな規模でもたらした各国への被害への賠償を余儀なくされる。一連の国際法からみても中国政府の言動は法的な責任と債務を追及されることとなる。

・しかし国際法に実効を持たせる国際機関は正常には機能しておらず、中国政府自体も国際的な規範や規則を順守しない。このためアメリカは自国の国益の追求のために独自の自助の方式によりメカニズムを構築して、中国の責任を追及しなければならない。

・そのためにアメリカは財政面で中国政府の保有する米国債、「一帯一路」での諸国への融資などからの賠償金取り立てを考える一方、中国の国営、国有の企業の対外資産、中国政府要人の個人の海外資産の凍結を考慮すべきである。

・アメリカはまた中国の世界保健機関（WHO）や国連の規則の違反を指摘して、国際司法裁判所や国連安保理での中国を法的に追及する方法も意味がある。中国はその手続きにすべて反対することがわかっていても、中国の非を国際社会に改めて明示する効果がある。

ユー、ストラドナー両氏は以上のように述べていた。アメリカは同盟諸国と連携して中国政府の法的責任を追及し、賠償金の支払いを要求することを強く提唱するのだった。

この主張の特徴は二人が法律の専門家として、その種の要求の法的根拠を指摘し、中国政府がその要求に応じない場合の対応の方法を具体的に説明している点だった。

アメリカ人は「中国ウイルス」と呼称することに賛成

こうした動きの背景にあるのは、なんといってもアメリカ国民一般の認識である。すでに述べたようにコロナウイルスの自国内での大感染に対して中国政府の言動を非難し、中国に損害賠償金を請求すべきだとする意見が強くなっている現実があるのだ。

全米でも最有力の世論調査機関のひとつ「ハリス世論調査会社」はコロナウイルス関連の最新の全米世論調査結果を四月中旬に発表した。同調査は全米約二千人の一般国民を対象とし、四月三日から五日の期間に実施されたという。その結果によると、まず注目されるのは一般アメリカ国民の圧倒的多数が新型コロナウイルスの拡散について中国政府の責任を問うている点だった。

アメリカが世界でも最多の感染者を出したことに対して、「中国政府に責任がある」と答えた人が全体の七七％、「責任があるとは思わない」と答えたのが二三％だった。

続いて、「ウイルス感染によるアメリカ側の被害に対し中国はその賠償金を支払う責任がある」という意見に賛成した人が全体の五四％、反対が四六％という結果が出た。

アメリカ国民の多数派が中国に損害賠償金の支払いを求めているわけだ。

このハリス社の世論調査では、さらに興味深い結果が出ていた。

トランプ政権のこれからの中国に対する姿勢について「これまでより強硬に」と答えた人が全体の五〇％、「これまでと同じで」が三三％という数字が判明したのである。「これまでよりもソフトに」という意見は全体の一七％にすぎなかった。

この質問への回答を政党支持別にみると、民主党支持層でも「より強硬に」が三八%、「これまでと同じ」も三八%、「よりソフトに」が二三%と、トランプ政権の強硬な対中政策への支持が圧倒的に多かった。

ちなみにトランプ政権の対中姿勢についての共和党支持層の意見は「より強硬に」が六六%、「これまでと同じ」が二五%、「よりソフトに」が九%と、強い対中非難の広がりが明示された。

この世論調査結果は、全体としてアメリカの官民いずれも中国の習近平政権への姿勢を険しくしていく展望を示すといえる。この中国糾弾の基本は共和党、民主党の両方に共通であり、たとえトランプ政権が続かない場合でも、アメリカの新政権はそうした厳しい構えを中国に対して保っていくことを示すといえよう。

アメリカ全体が新型コロナウイルスに対してどんな認識を持っているのか。

この課題への答えの一つは、アメリカ国民がこの中国武漢発のウイルスをなんと呼ぶかである。この点についてアメリカ国民の多数派は「中国ウイルス」と呼ぶことに賛成だという世論調査の結果が明らかとなった。

前述の世論調査機関「ハリス世論調査会社」の全米世論の調査は、トランプ大統領や同政権の要人らが使う「中国ウイルス」という言葉に対するアメリカ一般国民の態度について興味ある数字を示していた。「中国ウイルス」とか「武漢ウイルス」という表現はトランプ政権では大統領はじめマイク・ポンペオ国務長官らが何度も使用してきた。

ただし同じアメリカ国内でも民主党系リベラル・メディアのニューヨーク・タイムズやCNNテレビからは「あえて中国という国名を出すのは人種差別の用語だ」などという批判も出ていた。しかしこの世論調査では、全米ではこの「中国ウイルス」という言葉に対して、その使用に賛成するという答えが全体の五二％との結果が出たのである。反対が四八％だった。多数派は「中国ウイルス」という呼称に賛成なのである。

この「中国ウイルス」という用語への賛否を支持政党別にみると、共和党支持者では八一％が賛成、一九％が反対だった。民主党支持者の間では三〇％が賛成、七〇％が反対だった。

アメリカ国民全体として自国に大被害を及ぼす邪悪なコロナウイルスはやはり中国と重ね合わせるという認識が強いのだといえる。

日本は「武漢ウイルス」と呼称できない弱腰

この点では日本とはかなり異なるわけだ。

日本では私のみる限り、一般国民のレベルでは、このウイルスが中国から侵入してきたことへの非難をにじませている。しかもこの認識はかなり広範のようである。

だが日本の政府、国会、そして主要メディアとなると、日本でのウイルス大感染を中国と結びつけ、中国側の非を責めるという動きはまったくといってよいほどない。

その政治やメディアの主要舞台では、このウイルスはあくまで新型コロナウイルスであり、中国ウイルスとか武漢ウイルスと呼ぶのは少数派である。

いや、それどころか、中国ウイルスとか武漢ウイルスという呼称を使う少数派に非難を浴びせる傾向さえ強い。その種の名称は中国や中国人に対する差別や偏見だというのである。

NHKも日本文学研究のアメリカ人ロバート・キャンベル氏を登場させ、同氏の「『中国ウイルス』『武漢ウイルス』という呼称は民族差別であり、世界の分極化を先鋭にさせている」という趣旨の意見を紹介していた。それに対する反対の意見の紹介はもちろんなかった。

この問題は、人間社会で新たに確認されたウイルスや病気にどのような名前をつけるべきかという課題に結びついている。

じつは特定の病気やウイルスを地名でも人名でも特定の名称に結びつけて呼称することは、これまでの国際医学界ではごくふつうなのである。その新ウイルスが最初に確認された地域や国の名前、あるいは最初に発見や確認をした人物の名前をそのまま名称にする慣行が一般的だったのだ。

近年の実例では「エボラ出血熱」だった。発生地のアフリカ、コンゴの特定の川の名前からとられた名称だった。二〇一二年ごろから中東地域で発生し、国際的に拡散したコロナウイルスの感染症「中東呼吸器症候群」（MERS《マーズ》）も、まさに特定地域の名称そのものだった。「中東」という地域の名称が、そのままウイルスの呼称となったのだ。

古い感染症では二〇世紀初頭の「スペイン風邪」も国名ずばりから命名された。

実際には、この感染症はスペイン以外の多数の国でみつかっていた。だが第一次世界大戦の最中とあって、その事実を隠す国家が多くあった。スペインが最初に情報を公開した結果、そんな名称が定着してしまったのだという。

その後の一九二〇年代に日本から他の諸国へと広がる形になった「日本脳炎」（Japanese encephalitis）も、いまなお「日本」という国名そのものの名称で認知されている。

だから中国武漢発の新型コロナウイルスを中国ウイルスとか武漢ウイルスと呼ぶことも、そう不自然ではない。

しかし中国政府はこれらの呼称には猛反対する。自国で発生して全世界に広がったウイルスに対してでも、自国の国名や都市名をつけられることには「反中」とか「中華民族蔑視《べっし》」だとして、その呼称を使おうとする側にさまざまな攻撃を加えてくる。

その中国の動きに欧米や日本にも同調する向きが存在するのである。

アメリカではこの点、すでに述べてきたようにトランプ政権のポンペオ国務長官らはあえて「武漢コロナウイルス」という名称を使うべきだと主張する。

アメリカ連邦議会でも、大手メディアでも、「中国ウイルス」とか「武漢ウイルス」という名称を使うことは珍しくない。

その呼称を使う当事者たちはみな当然、「民族差別の意図などまったくない」と明言する。「中国」や「武漢」の名称は、全世界に広がる新型コロナウイルスの本来の発生地や、その発生から拡散への独特の経過を特徴づけるうえで必要だというわけだ。

そしてアメリカ国民の多数派も、その種の命名に賛成だというのである。

「川崎病」がよくて「武漢ウイルス」はダメなのか

日本では状況が異なることを何度も述べてきたが、おもしろい現象が起きた。

コロナウイルスに国名や地名をつけることは民族差別にひとしいという意見を放映してい

たＮＨＫが別な病気に対して日本の名称がつけられていることを報道したのだった。

「川崎病」という名称だった。

五月六日、コロナウイルス関連のＮＨＫニュースをみていたら、「川崎病」という言葉が飛び出した。感染症の名称に関しては「武漢ウイルス」や「中国コロナ」というのは民族差別だからよくない、というのならば、ではなぜ「川崎」は問題がないのだろうかという疑問を感じた。

このＮＨＫニュースでは以下の報道があった。「ニューヨーク『川崎病』に似た症状確認新型コロナと関連か」という見出しだった。その骨子は以下だった。

「アメリカのニューヨーク市は、全身の血管に炎症が起こる『川崎病』に似た症状の子どもが相次いで確認されたと発表し、新型コロナウイルスへの感染と関連している可能性があるとして注意を呼びかけました。こうした症状の子どもはヨーロッパ各国でも報告されていて、専門家による調査が行われています」

「子どもたちには発熱や発疹《はっしん》などの症状もあったということで、市の保健当局は、乳幼児に多い『川崎病』に似た症状だとしています」

「ニューヨーク市は『川崎病』に似た症状と、新型コロナウイルスへの感染が関連している可能性があるとして、医療機関や親に対し、こうした症状の子どもが見つかった場合、重症化を防ぐためにすぐに専門の医師に相談して早期に治療を始めるよう注意を呼びかけています」

「新型コロナウイルスの患者で、『川崎病』に似た症状を示す子どもはヨーロッパ各国でも報告されていて、専門家による調査が行われています」

それなら「習近平ウイルス」と命名しよう

以上の趣旨の報道は米欧メディアでも流された。「川崎病」は Kawasaki disease と記されていた。

さてこの名称からはふつうの日本人なら、神奈川県の川崎市を連想するだろう。特定の地名を病気の名前につけるのは本来、ごくふつうだったからだ。

しかしこの場合の「川崎」は地名ではなく、この感染症を最初に医学的な見地から確定した日本人の川崎富作博士の名に由来していた。川崎博士が一九六七年に「小児急性熱性皮膚粘膜リンパ節症候群」として発表した感染症だという。

手や足の指先から皮膚がむける症状の小児患者の病気で、国際的に認知され、名称も「川崎病」として定着した。ちなみに川崎氏はこの六月五日、九十五歳で亡くなった。

この理屈に従えば、新型コロナウイルスの名称を「習近平ウイルス」と命名しても、おかしくないことになる。武漢でのコロナウイルスを正式に確認して、外部世界に通知したのは習近平主席だったといえるからだ。

あるいは武漢でコロナウイルスの危険について、初めて一般に向けて警鐘を鳴らした若き医師の名をとって、「李文亮《りぶんりょう》ウイルス」と呼んでもよいだろう。

日本人医師の川崎富作氏が確認し、国際社会に通知した病気が「川崎病」と称されるならば、「習近平ウイルス」とか「中国ウイルス」という名称が出てもおかしくはないだろう。

しかしトランプ政権の高官たちが「中国ウイルス」という呼称にこだわるのは、中国当局の責任や武漢での発生の事実を明確にするための表現方法だともいえるのである。

中国国民に告ぐ「政権を打倒せよ」

さてアメリカでは議会も国民一般も、このようにコロナウイルス感染に関しては、中国に対して強硬な糾弾の姿勢を強めてきた。

その勢いがトランプ政権の対中姿勢をさらに強硬にするという結果を招く。民主主義のシステムでは国民の意思が政府の政策に反映されることは自然である。

トランプ政権における対中政策のそのような硬化の一例は、中国共産党政権の打倒の呼びかけだった。中国に向かって発信するメッセージで中国の国民に対して、共産党政権の打倒をも訴えるというところまで過激になっていったのである。

中国に対して政府と国民を区分して、国民に直接訴える、しかも国民に対して政府への非難をぶつけるという方式だった。

この種の発信の代表例は五月四日、トランプ政権の国家安全保障会議の次長マシュー・ポッティンジャー氏によるスピーチだった。同氏はトランプ政権のホワイトハウスの中枢に位置する重要人物である。同政権の出発時から大統領直轄の国家安全保障会議に起用され、アジア部長から同会議全体のナンバー2に昇進した。

新聞記者から海兵隊員になった異色の経歴の人物で、本来は中国研究の専門家である。そのポッティンジャー氏がなんと中国語で二十分ほどの演説をしたのだった。

同氏は米中関係の最大課題としてコロナウイルスのアメリカ国内での大感染を取り上げ、中国側でその感染を一般に知らせたことで中国当局から弾圧され、自身も感染して死んだ三十四歳の武漢市の中国人医師の李文亮氏を民主主義のヒーローとして礼賛したのだった。

「昨年十二月、武漢市で危険な新型コロナウイルスの感染者が続出していることを外部に初めて知らせた李文亮医師は、他の市民を思う勇敢な人物だった。だが彼はその警告を発したことで当局に処罰された」

「李医師は新型ウイルスに関して『一つの声しか許されないような社会は決して健全な社会

ではない』という意見を述べて、ウイルス感染の拡大を隠してしまう行為には強く反対した」

ポッティンジャー演説は、李医師が習近平政権のコロナウイルスのカバーアップに強く反対したことを指摘して、共産党政権の固有の邪悪性を強調するのだった。

そのうえで次のように述べたのだった。

「弾圧された李文亮医師は、自由な情報開示のできる民主的社会を望んだはずだ。中国の国民が抑圧的な政権のかわりに国民中心の政権を実現させるか否か全世界が注視している」

中国の共産党政権と一般国民とを区分しながら、その政権のウイルス対策に反映される独裁体制の悪を糾弾するという挑戦的な姿勢だった。当然ながら「国民中心の政権」というのは民主主義的政権のことである。

だからこの演説は穏やかな表現ながら、中国共産党政権の否定、打倒を訴えているといえた。つまりポッティンジャー氏は中国共産党政権の非道な独裁を非難して、その打倒を呼びかけたのである。ホワイトハウスの中枢から中国共産党政権の打倒や崩壊を望む言葉が、中国語で発せられる。その点にこそトランプ政権が、いまや中国の習近平政権を正面の敵としてみる現実が反映されていた。

ポッティンジャー氏は首都ワシントンから遠くない古い伝統を有するバージニア大学のアジア研究所関連の学生に向けた卒業式送辞を兼ねた演説を流暢な中国語で述べたのだ。英語の字幕もついていた。この演説はコロナ対策のためにインターネット発信となった。だから中国を含めて世界のどこでも視聴ができるはずだった。その後、いつでもホワイトハウスのサイトにアクセスすれば、この演説を視聴できる。

ポッティンジャー氏は気鋭の四十六歳、日本との折衝も多かった。日米同盟の強化や日本人拉致問題の解決協力の実務では政権の中枢となってきた。拉致問題では横田早紀江さんや拓也さんたちが訪米した際には、必ず会談に応じていた。

その彼がトランプ政権の対中政策の形成にも深くかかわり、政策の一環として中国語での演説という珍しい方法で、いまのアメリカ政府の中国に対する考え方を語ったのである。

ポッティンジャー氏はまずその演説の当日、五月四日という月日にちなんで、一九一九年のその日に中国の北京などで起きた「五四運動」について語った。

五四運動は、第一次世界大戦後のパリ講和会議のベルサイユ条約で中国の山東半島がそれまでのドイツの支配から日本に移管されそうになったことに反対して、中国の各地で起きた反帝国主義の大衆活動だった。その運動目標には当時、中華民国の独裁支配に反対する自由民主主義の拡大も含まれていた。

ポッティンジャー氏は演説でまず「五四運動」で活躍し、弾圧された自由民主主義の活動家たちの実績を礼賛した。そしていまの中国に対しても、共産主義ではなく民主主義の政権を、と訴えたのだった。

この姿勢はトランプ大統領が「中国との全面的な断交」という過激な言葉を口にして、「この感染症は中国政府の不当な工作がなければ、パンデミックにはならなかった」と断言する政権全体の正面対決の対中政策と一致していた。

同時にこの演説の内容は、共産党独裁政権下の中国に対するアメリカ国民一般の険しい糾弾の態度の表れでもあったのだ。その結果が中国国民への中国語での共産党政権打倒の勧めといえる過激なメッセージとなったのである。

第六章　中国の大攻勢

中国の大反攻、もう避けられない米中激突

これまでアメリカがコロナウイルス大感染にともない、中国への姿勢をきわめて強硬にしてきた経緯を報告してきた。

米中両国の激突である。すでにその対立の激しさは「米中新冷戦」という平板な表現では描写しきれないほど、巨大な奔流のようになってきた。

そもそも米中対立にはコロナウイルス以外にも多様な要素がからんで、これまでの歴史でも珍しい複雑多岐な激突となってきたのだ。この対立から激突へのスパイラル（渦巻）の急上昇、急拡大は二十一世紀の国際情勢でも最大、かつ独特のユニークな展開だともいえよう。

この激突へのスパイラルの勢いを高めたのは、もちろんアメリカだけではない。より多くの原因はむしろ中国側にあった。中国側の原因というのは、単にコロナウイルスを全世界へ広めたことだけではない。その感染が歴史的な規模のパンデミック（世界的に大流行する感染症）となった後にも、中国はアメリカはじめ多くの諸国に対して挑戦的な態度を強めたのである。

中国はまずコロナウイルスでの中国の非を責めるアメリカに対して、まさに倍返しのような勢いで反発したのだった。ウイルス拡散後の大攻勢と呼んでもよい反撃だったのである。

中国政府は自国内のウイルス感染が一段落すると、その「成果」を国際的に宣伝するようになった。

「中国独自の手法で世界に先駆けてウイルスを克服した」

「中国政府はウイルス阻止でも最初からすべてをオープンにして他の諸国と協力した」

中国政府当局者からも、官営メディアからも、この種の発信がどっとセキをきったように噴出するようになった。自国の政治宣伝と呼べる誇大な発信だった。

そしてその発信は、非難するアメリカへの反撃と組み合わせのセットとなっていた。

「アメリカはもはや自国の感染を止められず、トランプ政権は全土封鎖へと追いこまれた」

「アメリカは国際的リーダーシップを完全に失い、世界から孤立するようになった」

中国当局は、こんな政治宣伝をグローバルに発信するようになった。まず政府当局者がこの種のアメリカ非難を堂々と述べるようになった。共産党の幹部たちも歩調を合わせた。とにかく連日連夜の「非はアメリカに」とか「アメリカはもう衰えた」という主張だった。新華社通信、環球時報《かんきゅうじほう》、人民日報、中国中央テレビなど官営メディアが、そのマイクロホンの役割を果たした。

中国当局は、コロナウイルスがそもそも中国で発生した事実も曖昧《あいまい》にすることに全力を投入していった。中国はこの種の自国の対外的な強硬姿勢を「戦狼外交《せんろうがいこう》」と呼ぶようになった。その対象となる諸外国の側でも、コロナウイルス大感染後に顕著となった中国の外部への対決的な言動を「戦狼外交」と称するようになった。「戦狼」の意味は文字どおり、戦うオオカミである。

「戦狼」は中国で大ヒットしたアクション映画シリーズのタイトルでもあった。主人公はアメリカ映画の「ランボー」のごとく国内外の敵に果敢な戦いを展開し、勝利していく。目的は中国の国益を守ることだという。

「戦狼」と呼ばれる外交官は、従来の官僚的な中国外交官と異なり、激しく、どぎつい言葉で敵への攻撃を浴びせていた。舌戦を挑むことも多かった。ツイッターなどのSNSも利用した。中国の政府や共産党に対する批判があれば即座に反論した。

北京の中国外務省で対外発信を任務とする報道官たちが、この「戦狼」のイメージに合った言動をとるようになった。各国の中国大使館にいる大使や公使たちも同じ機能を果たすようになった。

ウソも百回言えば真実になる？

この「戦狼外交官」の代表的な人物とされたのが外務省の趙立堅《ちょうりつけん》報道官である。

趙報道官はまず三月四日の外務省の公式記者会見で「このコロナウイルスが中国で最初に発生したことの証拠はない」と言明したのだった。そして「中国で最初に発見されたかもしれないが、起源が中国だという結論は出ていない」とも述べたのである。その後の自分のツイッターで「このコロナウイルスはアメリカ陸軍の軍人たちによって武漢へ持ちこまれたかもしれない。アメリカ政府はその説明をする義務がある」と記したのだった。

この「コロナウイルス米軍発生源説」をアメリカ側では、もっとも典型的な中国の虚偽情報とみなした主張だった。中国側では二月ごろから民間で「このウイルスはアメリカが中国への細菌戦争として広めたのだ」とか、「アメリカの軍人が昨年秋に武漢に危険なウイルスを持ちこんだのだ」という陰謀説的な怪情報が流れ始めた。

武漢では確かに二〇一九年十月に「世界軍人陸上競技大会」というスポーツ大会が開かれ

た。各国の軍人が参加したなかに米陸軍将兵約百七十人がいた。その軍人たちがひそかにウイルスを持ちこみ、散布したという説だった。どうみても根拠のない話だった。だが驚くべきことに、この説は中国政府外務省の報道官からも発信されるようになったのである。

同趣旨の言明は、中国政府のさらに上位の高官たちによってもなされるようになった。外交担当国務委員の楊潔篪《ようけつち》氏、外務大臣の王毅《おうき》氏、駐アメリカ大使の崔天凱《さいてんがい》氏らだった。中国外交の頂点にいるこれら高官たちは、習近平政権全体の意向として「コロナウイルスは中国が起源とはいえない」とか「米軍が武漢に持ちこんだかもしれない」という説を明言、あるいは示唆するようになったのだ。

その真偽は別として、結果としてアメリカへの激烈な反撃ともいえる「米軍説」を最初に打ち上げたのが、戦狼外交官の趙立堅報道官だったのである。

当然ながらトランプ政権は抗議した。ポンペオ国務長官は三月十六日に北京の楊潔篪国務委員に電話をして以下のような抗議を伝えた。

「中国高官がコロナウイルスの責任をアメリカ側に押しつける反米陰謀説を述べていることに強く抗議する。いまは虚偽情報や途方もないウワサを広げるときではない。各国が協力してウイルスへの防疫に当たるときだ」

だが、その後も中国側の激烈な外交発信はエスカレートする一方だった。

中国外務省の趙立堅報道官は七月十四日には日本に対しても、どぎつい言葉で非難を浴びせた。日本政府の最新の防衛白書が「尖閣諸島周辺で中国側が一方的な現状変更の試みを執拗に継続している」と指摘したことに対して、次のように述べたのだ。

「日本の防衛白書は偏見と虚偽情報に満ち、中国の脅威をあおり立てており、でっちあげの資料だ。日本側に抗議を厳正に申し入れた」

「中国は世界の平和と安定、繁栄の擁護者だ。今年は中国人民の抗日戦争と世界反ファシズム戦争の勝利七十五周年である。日本は歴史をかがみとし、対立を激化させるのをやめるべきだ」

なんとも勇ましい、一方的なののしりなのである。

中国側では、その種の「戦狼」的な対外発言は外交責任者の認知を得ていることが明らかとなった。王毅外相が五月二十四日の北京での記者会見で、中国外交官たちは中国を批判する相手にはいささかも遠慮せずに果敢に攻撃を浴びせるという方針を明確に語ったのだった。

CNNの記者からの戦狼外交についての質問に答えてのコメントだった。

「私たちから戦いを仕掛けたり、他国をいじめたりすることはしない。しかし私たちには原則と気骨がある。中国に対する意図的な侮辱があれば反論し、国家の名誉と尊厳を断固として守り、あらゆる根拠なき中傷に対して事実で反論する」

郵便はがき

料金受取人払郵便

牛込局承認

9410

差出有効期間
2021年10月
31日まで
切手はいりません

162-8790

東京都新宿区矢来町114番地
神楽坂高橋ビル5F

株式会社ビジネス社

愛読者係 行

ご住所 〒 TEL:　　（　　）　　FAX:　　（　　）			
フリガナ お名前		年齢	性別 男・女
ご職業	メールアドレスまたはFAX メールまたはFAXによる新刊案内をご希望の方は、ご記入下さい。		
お買い上げ日・書店名 年　月　日　　市区町村　　書店			

ご購読ありがとうございました。今後の出版企画の参考に
致したいと存じますので、ぜひご意見をお聞かせください。

書籍名

お買い求めの動機

1　書店で見て　　2　新聞広告（紙名　　　　　　　　　　）

3　書評・新刊紹介（掲載紙名　　　　　　　　　　　　　）

4　知人・同僚のすすめ　　5　上司、先生のすすめ　　6　その他

本書の装幀（カバー），デザインなどに関するご感想

1　洒落ていた　　2　めだっていた　　3　タイトルがよい

4　まあまあ　　5　よくない　　6　その他(　　　　　　　　　　　　)

本書の定価についてご意見をお聞かせください

1　高い　　2　安い　　3　手ごろ　　4　その他(　　　　　　　　　　　)

本書についてご意見をお聞かせください

どんな出版をご希望ですか（著者、テーマなど）

要するに中国への侮辱だと思われる外国側の言辞には断固として反論するというのである。

しかし中国は「意図的な侮辱」に反論するだけではない。たとえ相手の主張が事実であっても、その内容が気に入らないとなれば、事実関係を無視してでも自国の反論を述べるわけである。ときには相手の主張を真っ向から否定することにもなる。相手の主張が事実であっても、である。

そうなると中国の主張は単なる政治プロパガンダになってしまう。だが中国側はお構いなしである。

馬脚をあらわした駐日中国大使の虚構

日本でもそんな中国側の対外発信がみうけられた。

四月二十五日の読売新聞朝刊に駐日中国大使の寄稿文が掲載された。武漢でのウイルス発生に対して、中国政府が当初にとった態度は透明でオープンだったと断言する内容だった。

読売新聞が掲載したのは日本駐在の中国大使の孔鉉佑《こうげんゆう》氏の寄稿だった。「助け合って難局を乗り切ろう」という見出しだった。中国政府のコロナウイルス感染への対応は一貫して正しかったとする主張だった。その内容には以下のような記述があった。

「感染が勃発すると、中国政府はオープン・透明、責任ある態度で、いち早く情報を公表し、進んで世界保健機関（ＷＨＯ）や関係諸国と予防・抑制と治療の経験を共有した」
「昨年十二月末、湖北省武漢市の疾病制御センターが原因不明の肺炎症例を発見した。今年一月三日、中国はＷＨＯと各国に正式に感染情報を通告した。一月十二日、新型コロナウイルスの遺伝子配列情報を全世界と共有した。一月二十一日から国家衛生健康委が毎日、感染情報を発表した」

以上のような孔大使の主張は、これまで武漢市当局や中国政府当局が実際にとってきた言動とは明らかに異なる。

中国当局は上記の期間に新たな感染症が発生したと指摘した現地の医療関係者たちを懲罰し、「人から人には感染しない」と言明していたのだ。新型コロナウイルスの実態を国際的に通告することも怠ってきた記録が中国側にさえ現存する。

だが中国の「戦狼外交」では、そんなことはお構いなしである。事実は問題ではない。自国の主張をとにかくまっすぐに打ち出すことが最大目的なのだ。

しかしこの読売新聞での駐日中国大使の主張に対しては、さらにおもしろいことが起きた。

その読売新聞の同じ日の同じ朝刊に、その駐日中国大使の主張を真正面から否定するような日本の細胞生物学者の解説が掲載されたのである。

同じ新聞に同じ課題についてまったく相反する主張を載せることも、もちろんそれ自体に問題はない。報道機関の開かれた対応だといえよう。

だがその結果、中国大使の言明はなんとも苦しく奇妙な主張として映ってしまったのだ。日本の学者のその記事は解説ページのトップでの大きな扱いだった。歌人、かつ細胞生物学者の永田和宏氏の見解だった。読売新聞大阪文化部の浪川知子記者が永田氏にインタビューして見解を聞き、まとめた形をとっていた。

「ウイルス　どう共生するか」「コロナとの向き合い方」という見出しがついていた。

この記事で永田氏は今回のコロナウイルスの大感染に関して「人類の歴史から学ぶことはできますか」という質問に答えるなかで以下の点を明確に強調していた。

「新型コロナウイルスの場合、中国・武漢の医師が昨年末の時点で、警鐘を鳴らしたにもかかわらず、当局は『デマだ』として医師を処分した。あってはならないことで、情報開示がいかに大切かがわかります」

永田氏が指摘する「武漢の医師」とは、李文亮医師のことである。武漢の病院で働いていて、コロナウイルス感染患者の多発についてインターネットで最初に警鐘を発した李医師は当局に弾圧され、沈黙を命じられて、処罰を受けた。その後、まもなくコロナウイルスに感染して亡くなった三十四歳の中国人男性だった。

孔大使の主張は、この種の事実をツユほども示唆していない。

李医師の身に起きたこと一点だけをみても、中国政府の対応は「オープン・透明、責任ある態度」とはおよそ異なる実態だったことが明白となる。

この日の読売新聞の注意深い読者ならば、永田氏の解説からこうした側面にも思いを馳せて、駐日中国大使の主張の虚構に気がついたはずである。

中国当局からのこの種の発信は今後もますます増えるだろう。だからこうした多角的な読み方でそれらに接することが欠かせないわけである。

すでにオーストラリアと〝交戦状態〟の中国

中国政府のこのような過激で攻撃的、かつ往々にして事実関係をも無視する対外姿勢は、多くの国々との対立を生んでいった。

やがて中国はその種の対外強硬姿勢に言葉だけでなく、軍事や経済がらみの実際の行動も含めるようになった。そしてその種の現実の攻撃性の強い行動が、コロナ後の中国の対外姿勢全体の最大特徴となっていったのだ。

その結果、インド太平洋地域には安全保障上の緊張が生まれてきた。

コロナウイルス後のアジア地域の紛争含みの新情勢の形成だった。その主要因は繰り返すが、なんといっても中国側の専横的で攻撃的な言動だといえよう。

ではまず中国とオーストラリアの関係をみよう。

オーストラリアではスコット・モリソン首相の率いる政権がこの四月、武漢発のコロナウイルスを正式のパンデミックと断じて、その「起源を徹底して調査する方針」を打ち出した。その調査は国際的な権限を有する専門家集団が現地の武漢に立ち入り、いかなる施設でも人間でも対象にできるという前提で真相を解明することを目指す案だった。

つまり国連安全保障理事会が主体となって、特定国家の大量破壊兵器の保持の有無を査察するような調査団を中国の武漢に送りこむ意図だった。

この構想の前提は、新型コロナウイルスは中国の武漢で発生し、全世界へと拡散したため、その根源地にさかのぼって中国側の責任を追及するという認識だった。

ところが中国政府が、このオーストラリアの動きに激しく反発した。

もともとオーストラリアと中国との関係はここ数年、冷却していた。本来はきわめて緊密な関係にあったのだが、中国がオーストラリアの内政や外交までに影響を及ぼそうと画策するところまでいってしまったのだ。

二〇一七年六月にはオーストラリアの現職上院議員が中国関連団体から賄賂《わいろ》を受け取って、

同国の外交政策などを中国に有利に動かそうとしたという容疑で逮捕される事件まで起きた。中国側は共産党中枢の統一戦線工作部という組織まで動員して、多様な方法でオーストラリアの政府や社会を自分の意向に沿う方向へと動かそうとしていたのだ。

両国間の貿易は長年、一貫して拡大を続けた。中国人の観光客多数がオーストラリアを訪れ、巨額のカネを落とした。中国人留学生も大挙、同国への留学を果たした。オーストラリアに直接投資をして、工場や商店を開く中国側企業も多かった。

だが二〇一七年ごろから、この親密な関係が冷え始めた。オーストラリア政府は中国の通信機器大手ファーウェイ社に次世代通信規格「5G」市場の参入を禁止した。アメリカの意向に沿った措置だった。そこにきて今回のコロナウイルス感染事件だった。

中国政府は、オーストラリア政府のコロナウイルスに関する武漢への現地調査団派遣に猛反対して、報復措置を取り始めたのだ。まずオーストラリア産の牛肉や穀物類の輸入をボイコットする動きに出た。オーストラリアの工場で検査・検疫に関する違反があったとして、食肉の輸入を一部停止したのだ。

中国政府は、それまで大量に輸入してきたオーストラリア産の大麦に対して関税を大幅に引き上げた。それまで不当に安い価格で輸入されてきたからという、とってつけたような理由を掲げていた。またオーストラリアへの自国民の観光客や留学生を大幅に減らす措置をとってしまった。その間、オーストラリア駐在の中国大使は「コロナウイルス問題で不当な要求を突きつけるオーストラリアのワインやビールを、中国人はなぜ飲む必要があるのか」という嫌がらせのメッセージを発信し続けた。

このため中国とオーストラリアの関係は急速に悪化していったのだ。中国からの圧力がすごかったのである。それでもオーストラリアのモリソン首相は「ウイルスの起源を徹底して調査することは再発を防ぐためにも、きわめて合理的で不可避の措置だ」と改めて言明し、中国の圧力をはね返す姿勢を崩さなかった。むしろ逆に中国の南シナ海での国際規範違反の軍事膨張の動きなどに対して反対をより明確にしていった。

オーストラリア政府のそんな対中姿勢の一端として四月十七日に、ピーター・ダットン内務相が中国政府に対して「武漢ウイルスの発生源についての透明性」を要求していた。続いて四月二十一日にはモリソン首相自身がアメリカのトランプ政権と協議を重ねた結果として「コロナウイルス感染についての中国政府の責任の解明と追及」を進める方針を発表したのである。この種の「責任」には賠償という行為も含まれることになる。

このようにコロナウイルス禍を契機として中国、オーストラリア両国の関係は経済、安保、文化、政治などの多様な面で、かつてなく険悪になってしまったのだった。

靴の裏にくっついたチューインガム

オーストラリアは当然、基本的な価値観や利害をともにする諸国との絆を深めようとする。アメリカや日本やインドへの接近だった。

コロナウイルスの各国への感染拡大に対して中国政府の責任を問い、賠償金までを求める動きはオーストラリアでも表面に出た。

オーストラリア与党の有力下院議員ジョージ・クリステンセン氏が四月中旬、「コロナウイルス感染によるオーストラリアの被害は中国政府の隠蔽工作の結果だから中国に被害への賠償を求めるべきだ」と公式に主張した。そのうえで同議員は「中国政府が支払いに応じない場合、中国の国有、国営企業がオーストラリアで保有する土地などの資産を没収して、賠償に替えるべきだ」とも言明した。

このようなオーストラリアの動きに対して、中国の反発も熱を増していった。

オーストラリアへの明らかな誹謗《ひぼう》と呼べる、ののしりの言葉も中国当局から飛び出してきた。中国共産党の機関紙ともいえる官営新聞の環球時報がオーストラリアを「靴の裏にくっついたチューインガム」と評したのだった。

より正確には四月二十七日、環球時報の胡錫進《こしゃくしん》編集長が中国版ツイッターの「微博（ウェイボー）」で以下のメッセージを発信したのである。

「オーストラリア政府は最近、アメリカに追従して中国への非難が行き過ぎている。オーストラリアはいつも同じような中国非難をしている。中国の靴の裏にくっついたガムに少し似ていると思う。時にはこすり落とすための石を探さなければならない」

胡氏は中国の国民あてと思われるような発信として、次のようにも述べていた。

「米中関係が大幅に悪化すれば、オーストラリアと中国の関係は同じ程度、悪くなるだろう。オーストラリアのアメリカへの協力の度合いは、イギリスのそれよりもはるかに大きい。新型コロナウイルスの流行の終息後、オーストラリアとビジネスをしたり、子どもをそこに留学させたりすることについては、より強くリスクを意識しなければならない」

「靴の裏にくっついたチューインガム」とはなんともひどい表現である。主権国家への侮辱の言葉としては究極ともいえよう。皮肉にいえば、中国側の他者をののしる際の表現能力の豊かさとでも評せようか。

この言葉は幅広く報道され、国際的にもそれなりの波紋を広げた。オーストラリアでも呆れはてたような反響がうかがわれた。そんな言葉を使った胡錫進氏への非難も起きた。

するると胡氏は二日後の四月二十九日に再び微博にコメントを載せた。

「同僚から、私が二日前に微博で書いた、オーストラリアは『中国の靴の裏にくっついたガム』のようだという発言が英字メディア、とくにオーストラリアのメディアで話題になっていると聞いた。おそらく私はオーストラリア人を触発し、『彼らの感情を傷つけた』のだろう。しかし、私はこのように書いたことを後悔していない。この言葉を元のまま繰り返す。『オーストラリアは中国の靴の裏にくっついたチューインガムみたいだ』と」

繰り返しの悪口雑言だといえよう。

インド人もビックリの軍事衝突も勃発

さて次にインドの状況をみよう。

インドも中国発の新型コロナウイルスには手痛い被害を受けた国である。その感染はまだ衰えをみせず、インドの官民は壮絶な戦いを続けている。

七月中旬の時点でインドでの感染者は合計九十一万人以上、死者は十二万強に達した。感染者数ではアメリカ、ブラジルに次ぐ世界第三位なのだ。「世界最大の民主主義国」と評される人口十三億のインドでのコロナウイルスの感染者は、二〇二〇年一月三十日に初めて確認された。その直後の二月三日に、さらに二人の感染者が出た。

これら合計三人はいずれも中国の武漢から直通で帰ったインド人学生だった。インドでも「武漢→自国内」という世界共通の感染経路が立証されていた。その後すぐにインド政府は中国との国境を閉めるなど、ウイルス流入阻止のための厳しい措置をとった。

しかし三月上旬には、イタリアからの観光客十四人がインド国内でコロナウイルス感染を確認され、各地でのウイルス災禍がかなりの勢いで広がり続けた。

ナレンドラ・モディ首相はこうした状況を踏まえ、三月二十五日、インド全体の大規模なロックダウン（封鎖）を断行した。公共、商業施設はすべて閉鎖された。航空、鉄道など運輸も停止、個々人の外出も絶対に必要な場合を除き、全面禁止となった。しかもこの封鎖は日本と異なり、強制的であり、違反者には容赦なく罰則が科された。

インドは国民所得の水準も低く、公衆衛生や医療のインフラも決して強固ではない。しかも国内の大都市には大規模な貧民のスラム街が広がり、地方から都市に出てくる出稼ぎ労働者も多い。

そうした国情に対して人間の多様な活動や移動を強制的に抑え、なお感染の治療や防疫を進める作業は困難をきわめる。そのうえインドは中国の一党独裁支配とは異なり、民主主義の市民社会だから、政府による国民への強制措置の押しつけは容易ではない。

しかしモディ政権はそんな逆風をはね返し、今回のコロナウイルス防疫対策としては全世界でももっとも規模が大きく、内容が厳格とされる「全土封鎖」を継続した。そのために一般国民が経済の基盤を失い、生活に困窮する状況もいやというほど報道された。それでもインド全体としては国民の命を守るため、「全土封鎖」を受け入れたのだった。

しかし、その「封鎖」もなかなか効果をあげなかった。この措置は結局、数回も延期されて七月にまで及んでしまった。その途中、封鎖を一部解くという時期もあったが、解いた結果、感染者がまた増える悪循環となった。

そんな状態がやっと好転して、七月中旬には感染者増加のカーブがピークをみせる状態となった。こうした経過のなかで中国に対する明確な非難も表明された。

インドの全土封鎖令が最初に延長されてまもない四月中旬、インドの著名な法律家たちによって中国当局の感染拡大の責任を追及する訴えが国連の人権理事会に提出されたのである。

その訴えの中心になったのは、全インド弁護士協会の会長アディッシュ・アガルワラ氏だった。同氏は各国の法律家が集まる「国際法律家評議会（ＩＣＪ）」（本部ロンドン）の会長も務めている。モディ首相にも近く、同首相の政治哲学などについての本を刊行した実績がある。

アガルワラ氏と有志数人が国連人権理事会に提出した訴状は「中国当局の新型コロナウイルス感染症への対応は、国連の人権保護、公衆衛生、防疫対策などに関連する多数の規則に違反した謀略的な行動の結果であり、インドをはじめとする諸国は膨大な被害を受けた」として中国当局の責任の明確化と損害賠償を求めていた。

この訴状は中国政府、中国人民解放軍、中国国立武漢ウイルス研究所などを訴えているが、損害賠償の金額については今後具体的に提起するとしていた。この提訴に対しインド政府は静観しているが、モディ首相に近く、国内でも著名な法律家の訴えはインド官民の本音を反映するともみられる。大国のインドでも中国への反発が表面に出たのだった。

そんな険悪な状況下でインドは中国と軍事衝突した。

六月中旬、中国、インド両国のヒマラヤ山脈の国境地域ガラヤン渓谷で両国軍が衝突した。インド側に二十人、中国側に四十人の死者が出たという。インド政府はこの衝突を中国軍の違法な侵入の結果だと発表した。アメリカでも中国軍が最初に攻撃を仕掛けたという見解を示していた。軍事衝突自体は小規模のまま終わったが、インド側での中国への反発が官民で一気に高まった。

インドは中国との関係悪化の予兆を強く意識した結果として、実際の軍事衝突が起きる直前の六月上旬にオーストラリアとの間で、「包括的戦略パートナーシップ」という防衛協定を結んでいた。

インドのモディ首相とオーストラリアのモリソン首相との間で結ばれた協定は、海洋での両国の安全保障や防衛の協力を約しあっていた。軍事同盟にはいたらないが、明らかに中国の軍事脅威を念頭においての両国の提携だった。

インドは同時に、中国の軍事動向に警戒や反発を強め、防衛面で長年の非同盟政策を薄めて、アメリカとの軍事協力を始めるようになっていた。

周辺国すべてとケンカ状態の中国

中国はフィリピンとの間でも軍事的な緊張を高める結果を招いていた。これまたコロナウイルス大感染後のことである。

中国は南シナ海のスプラトリー（南沙）諸島での軍事行動を活発にして、その海域での新たな軍事演習まで実施したのだ。当然ながらスプラトリー諸島の領有権を長年、主張するフィリピンは対中姿勢を改めて硬化させた。

フィリピンのロドリゴ・ドゥテルテ大統領は、アメリカとの軍事面での距離をおく政策をとり、準同盟に近い「訪問米軍地位協定」を今年八月に失効させることを二月に発表していた。

ところが最近の中国の南シナ海での威嚇的な軍事活動が、その方針を変えさせてしまった。ドゥテルテ大統領は最近の中国の軍事攻勢に懸念を表明して、この六月上旬には「訪問米軍地位協定」を現行のまま継続保持する新方針を発表したのだった。

明らかに中国の軍事攻勢を警戒しての米軍取り込みの措置だった。

中国政府は南シナ海では、さらに挑戦的な行動をとっていた。コロナウイルス大感染が始まった後の二〇二〇年四月中旬、各国が領有権を主張する南シナ海の諸島に新たな行政区を設置すると発表したのだ。

中国民政省が海南省三沙《さんさ》市に行政区の「西沙区」と「南沙区」を新たに設けることを承認したという。南シナ海の諸島について、中国政府はそれまで海南省三沙市が管轄すると主張してきた。だが今後は三沙市のなかに、南シナ海の西沙（英語名パラセル）諸島とその海域を管轄する「西沙区」、南沙（同スプラトリー）諸島とその海域を管轄する「南沙区」を新設するというのだ。国際的な規範や合意を完全に無視する一方的な措置だった。

目的は南シナ海の実効支配をさらに強めることだろう。ベトナム政府はただちに抗議した。南シナ海では四月には、さらに中国海警局の船がベトナム漁船に体当たりして沈没させた。六月にはまた南シナ海のパラセル諸島付近で中国の武装艦艇がベトナムの漁船を襲撃し、漁獲物や漁船の機材を奪うという事件が起きた。

さらにコロナウイルス感染の拡大後に中国は台湾に対しても、その水域を海軍、空軍によって侵犯、あるいは侵犯ぎりぎりの威嚇行動を激しくするようになった。

中国は日本に対しても、尖閣諸島の領海や接続水域（領海の外側約22キロ）への武装艦艇による侵入を継続している。しかもその侵入は四月十四日から百日以上も連続しているのだ。

中国はこのようにインド太平洋地域で近隣諸国多数への外交的な糾弾から軍事行動、準軍事行動までをエスカレートさせてきたのである。

その動機はコロナウイルス後の国威発揚か、あるいはウイルスで弱体となった近隣諸国の消極姿勢につけこみ、懸案の領有権主張を強める好機とみたのか、観測は多様である。

いずれにしても中国は南シナ海、東シナ海、インド洋で日本をも含む、その地域国家群との対立を鮮明にしてきたわけである。

その結果、これら諸国がみな超大国のアメリカへの距離を縮め、依存を高めるということになる。そして各国の動きが、アメリカ対中国の対立をさらに強めるというスパイラルの戦略的構図がいまや鮮明になったのだ。

このような「中国対地域諸国」という対立志向こそコロナ後の新しい国際情勢、とくにアジア太平洋、インド洋での新国際情勢を予測するうえでの有力な指針でもあろう。

第七章
中国のマスク外交の失態

人道的な「マスク外交」？

コロナウイルスが世界各国で広がる最中、中国はソフトな対外活動も展開した。

前章で紹介した攻撃的な対外拡張とは対照的な動きだった。中国発のコロナウイルスが全世界で猛威をふるうなかで、中国政府は自国での感染はもう克服したと宣言して、他国の支援に乗り出したのである。

コロナウイルスに苦しめられる他の諸国の救済にあたるという宣言だった。

中国外務省の二〇二〇年三月末の発表によると、コロナウイルス感染対策への支援として南北アメリカ、ヨーロッパ、日本、東南アジア、中東、アフリカなど合計百二十ヵ国に医療用のマスクや防護服、検査キット、人工呼吸器などを提供し、合計百七十人以上の中国人医師団を派遣したという。

中国はコロナウイルスの被害を受けた多数の諸国に、マスクや医療機器、医師団までを送るようになったのだ。この中国の対外活動は、欧米では「マスク外交」と呼ばれた。

表面だけみれば、歓迎され、賞賛されてもよい人道主義的な行動だった。

コロナウイルスの発生源となり、当初は世界唯一、そして世界最大の感染国だった中国がその体験を活かして他の諸国を助ける。感染した患者の治療法、感染を広げないようにする防疫法など、当初は全世界でも中国しか知らなかった体験や知識を提供するというのである。しかもマスク、その他の治療や防疫に必要な医療関連機材を贈与するともいうのである。もちろん無償の援助活動である。

多くの国々が、この中国が差し伸べた支援の手を受け入れた。ふだんは他国からの援助を受けないヨーロッパ先進諸国のフランス、イタリア、ドイツなども、その中国からの支援を受け入れた。では、その結果はどうだったのか。

ただし習近平政権はウイルスの世界的な拡散の後、この人道主義的にも映る「マスク外交」を展開しながら、同時に中国のコロナウイルス拡散の責任を問うアメリカなどの動きに対しては厳しい反撃を加えていたことは前述した。その反撃には国際規模でのディスインフォメーション（虚偽情報）の組織的な発信も含まれていた。

中国当局は他者にいかにも寛容に映る「マスク外交」を展開しながらも、アメリカへの激しい言葉上の攻撃は緩めなかった。

「新型コロナがアメリカの世紀を終わらせた。アメリカは世界の災難の前に他国を助けられない」（官営メディアの「環球時報」の評論）

この種の攻撃的な政治主張だった。批判されるアメリカの側も、もちろん黙ってはいない。中国がコロナウイルス感染を当初、隠蔽し、虚偽の情報までを流したことが国際的な感染を広げたという非難はアメリカの官民から切れ目がないという状況で打ち上げられていた。

そしてアメリカ側では中国の「マスク外交」には「放火犯が消防士のふりをしている」というような辛辣《しんらつ》な批判も出ていた。

対外援助活動の諸外国の反応

さて、中国政府のこうしたコロナウイルスに関連する対外活動について、ヨーロッパの先進諸国での状況を眺めてみよう。

アメリカの大手紙ワシントン・ポストが世界各地の記者を動員した総合レポートを四月十

四日付の紙面に載せていた。この記事では中国政府が自国の国際的な好印象や指導力を宣伝するために感染防止のマスクや検査キットを寄贈するだけでなく、諸外国のメディアなどを利用して、中国に有利な主張や情報を発信する活動を広げている実態を伝えていた。そして結論として「中国がコロナウイルスの感染で傷ついた自国の対外イメージを修復するための試みは、かえって逆の効果を招いた」という厳しい総合判断を下していた。

この記事はその「逆の効果」、つまりマスク外交の失態の具体例として以下のケースを強調していた。

・スペイン、チェコ、オランダの三国では、それぞれの政府が中国の提供したコロナウイルス対策用の大量のマスクと検査キットに欠陥があるとして、返却する措置をとった。

確かにヨーロッパからの別の報道によると、オランダの保健省は中国製のマスク合計六十万枚を回収することを発表した。ウイルスを防ぐフィルター機能に欠陥があるため、という理由だった。

スペイン政府も同様に、中国から入ってきたマスク約百万枚を欠陥製品として回収し、破棄する措置を発表した。またヨーロッパではないが、トルコでも中国製の検査器が十分に機能しないとして破棄の処分を公表した。いずれも今年四月の出来事だった。

要するに中国の「マスク外交」のマスクが欠陥品だったのである。そのうえコロナウイルス拡散防止では、さらに重要な検査器にも欠陥があったというのだ。

この出来事は象徴的である。ヨーロッパでもいかにもヨーロッパらしいスペイン、チェコ、オランダという三ヵ国いずれも、中国のマスク外交のほんの最初の入口となるマスクや検査器の提供がうまくいかなかったというのだ。これら三国は、かなり大規模なコロナウイルス感染者を抱え、苦しみ、悩んできた国家である。

七月の時点ではスペインは感染者三十万、死者三万、全世界でも九位の感染者数だった。オランダも同様に感染者五万、死者六千という被害を受けていた。

いずれも外部からの援助は、ワラにもすがる思いで受け入れたことだろう。だがコロナウイルス対策の第一歩のマスクと検査器が欠陥品だったというのは、なにか悪い冗談のような話である。いやいや、人間の生命にかかわる事柄だから、決して冗談などという言葉を使ってはならない深刻な話であろう。どちらにしても中国のヨーロッパでのマスク外交は、こんなところで早くも挫折していたのだ。

ではヨーロッパの他の諸国でのコロナウイルスに関しての中国への反応はどうだったのか。ワシントン・ポストのこの記事やその他のヨーロッパからの情報を基に、簡単な国別の報告を試みよう。

イギリスへのマスク外交は失敗

イギリスでは次のような状況だった。

イギリスは、中国からの医薬品や医師の提供をほとんど受け入れなかった。それどころか四月上旬には、保守党のボリス・ジョンソン首相に近い大手研究機関の「ヘンリー・ジャクソン協会」がコロナウイルス感染に関して中国政府の責任を指摘している。中国に被害への補償金の請求を求めるべきだという政策提案を発表したのだ。

この提案は補償金取得の方法として、中国の政府や国有企業が保有するイギリス政府の各種債券やイギリス側の対中債務からの取り立てを提示していた。

イギリス政府自体でもドミニク・ラーブ外相が同じ四月、中国の責任を解明にするため事実関係の調査を徹底して実施する方針を言明した。もともとラーブ外相はコロナウイルス国際拡散の責任は中国にあるという非難を公式に表明していたのだ。

同外相はこのように述べていたのだ。

「このウイルスが中国国内でいかに発生し、いかに拡散したか、さらに国外にまで感染が広がったのはなぜか。中国政府はこれらの詰問に対して、科学的かつ徹底した答えを与えなければならない。このウイルスがパンデミックとなった原因についても、はたしてこの拡大は阻止できなかったのかという観点から検証することは絶対に必要である」

ラーブ外相はさらに「たとえコロナウイルス大感染の危機が去っても、中国との関係は決して元の状態にはもどらない」と強調した。同外相は中国側がウイルス発生の実態を科学的な手法に基づいて事後検証し、その結果を開示する義務があるとまで述べたのだった。

イギリス議会下院の外交委員会でも政府に対して、中国当局が発信しているウイルスの発生や拡大についての情報は虚偽が多いとして特別の調査を開始することを要求していた。

こうした動きの結果、イギリスの国政レベルで中国との関係の根本的な見直しや中国企業ファーウェイとの取引の再検討を求める意見が高まっていった。

そして七月中旬にはイギリス政府のジョンソン首相は、中国通信機器大手のファーウェイ社の製品を第5世代（5G）移動通信システムから二〇二七年までに完全に排除すると発表した。イギリス政府は当初、同社の限定的な参入を容認する姿勢だったが、方針転換したのだった。

ちなみにアメリカはイギリス政府に対して、安全保障上の理由でファーウェイ製品を5G通信網から締め出すよう繰り返し要請していた。その要請を全面的に受け入れたイギリス政府の決定は、中国の香港への統制強化や新型コロナウイルスに関する動きなど中国政府に対する不信感を反映していた。

中国にとっては、対イギリスのマスク外交によって自国側への理解や同調を得るという試みはまったく失敗に終わったといえるのだ。

フランスとドイツも反旗を翻す

フランスでも中国の対処に対して、法的な責任までを追及する動きが表面化してきた。

エマニュエル・マクロン大統領自身が四月中旬、イギリスの新聞のインタビューに答える形で中国のウイルスへの対応を明確に批判した。

「独裁政権下では私たちの知らないことが起きる。中国の武漢でのコロナウイルスへの中国政府の対応に疑問があることは明確だ」

中国政府の責任に言及したのだ。その直前、フランス外務省はパリ駐在の中国大使を召喚して、同大使館のウェブサイトに載った欧米諸国のコロナウイルス対策への批判に抗議した。

中国大使館のサイトには以下の骨子の記述があったのだ。

「欧米諸国政府の対応は欠陥があり、多数の高齢者が施設内でつぎつぎに死ぬのを放置している。それにくらべて中国のウイルス対処法はより効果的、より人道的だ」

フランス政府は、この記述は事実ではないとして抗議したという。フランスでもコロナウイルスに関しては、中国への態度は決して友好的とはいえないのである。

ドイツでは、ドイツに駐在する中国政府外交官がドイツ議会の一部に働きかけて、中国政府のコロナウイルス対策を賞賛する声明を出させようと試みたことが判明した。

その試みに対して、ドイツ議会の他の勢力が抗議の声をあげて阻止したという。

ドイツはコロナウイルス感染以前、中国に対してわりと友好的だった。アンゲラ・メルケル首相も頻繁に中国を訪れ、経済協力を熱心に進めてきた。ところがコロナウイルスの感染がドイツ国内でも激しくなった四月中旬、メルケル首相は年来の中国への友好姿勢を逆転する形で習近平政権がコロナウイルス発生時に情報を隠したことを批判した。

なおドイツでは欧州全域でもドイツ国内でも最大部数を発行する日刊新聞の「ビルト」が同じ四月中旬、社説で中国政府に対してコロナウイルス感染での賠償を請求する社説を掲載した。この社説は同紙の編集主幹によって書かれ、ドイツが受けた被害への賠償金として総額千六百五十億ドルを請求していた。この社説については後述する。

前述のワシントン・ポストの記事はさらに中国のマスク外交に関連して、ヨーロッパ以外の諸国での動きについても伝えていた。なにしろ中国のマスク外交は文字どおりのグローバルな規模で推進されたから、その反応も広域にわたっていた。

この記事は具体例として以下の要旨を報じていた。

・ナイジェリアでは、政府が中国人医師団をコロナウイルス対策のために招こうとしたのに対して民間の医師協会が反対し、「中国医師団はウイルスを持ちこむ恐れがある」とまで述べて、論議を招いた。

・ブラジルでは、教育大臣が「中国はコロナウイルス対策に必要な医療器具を国際的に独占することで世界制覇を図っている」と発言したのに対して、中国のブラジル駐在の外交官たちが激しく反論して衝突した。

・イランでは、保健省報道官が「中国のコロナウイルス感染者の発表は正確ではない」と発言したことに対して、現地の中国人外交官が激しい反論と非難を表明した。

・スリランカでは、地元の実業家が中国政府のウイルスへの対応を批判する発言をしたことに対して、現地の中国大使らが、「まったく根拠のない虚偽宣伝だ」と反撃して、論争となった。

以上の事例は、アフリカ、南米、中東、アジアという地域に及んでいた。そのいずれもが中国のマスク外交の失態、あるいはコロナウイルス感染に関しての中国への非難というネガティブな反応の報告だった。

あまりにも硬直した中国政府の対応

中国は全世界を相手に「支援」を標語にしたマスク外交を推進しようとしたが、どうもその結果は、かえってイメージを落とし、負の反応を強めてしまった感じである。その原因の大きな部分は中国当局のあまりにも好戦的、人間でいえば負けず嫌い、闘争的な反発ぶりだといえよう。

一方で親切で寛容な顔をみせながら諸外国への援助のマスク外交を推進するのに、他方で諸外国からほんの少しでも批判めいた対応があれば、即座にすごい勢いで反撃するのが中国政府のパターンなのだ。批判に対して短い期間でも我慢をするとか、無視をするという態度をとって、その間にマスク外交的な善意や好意を示す行動を続ければ、相手のかたくなな姿勢も和らぐことだろう。だがいまの中国政府には、それが明らかにできないのである。

だから諸外国で中国への負の反応が広まり、強まることとなる。

中国への負の反応に関して、さらにヨーロッパでの顕著な実例を少し詳しく紹介しよう。

こうした実例はヨーロッパの今後の中国への態度、そしてヨーロッパにおける中国の立ち位置を示すこととともなろう。

第一の実例は、前述のドイツの新聞「ビルト」の中国への挑戦状とさえいえる対決調の社説である。中国側はそのビルト紙の社説への強硬な反論をぶつけ、ビルト紙側がまたそれに反論して、険悪な言論戦が続いたのだ。こうした展開は、日ごろ中国への一般感情が穏やかだったドイツにしては、きわめて珍しい出来事だった。

ビルト紙は編集主幹名の社説で中国政府に対し、ドイツが受けた被害の賠償金支払いを要求した。だが中国政府は即時に「まったくの不当な要求だ」と反論した。すると同主幹は中国の習近平国家主席あての書簡を公表して、中国政府の隠蔽工作こそがコロナウイルスを全世界に広げたのだとする激烈な非難をぶつけた。中国側はそれにまた反論し、「ドイツの新聞対中国政府」という国際的にも珍しい険悪な論争が続き、欧州全体の注視を集めるようになったのである。もう少し詳しく報告しよう。

発端は四月十五日、ドイツ国内で最大の発行部数を誇る日刊新聞のビルトが、社説として大型評論記事で「私たちへの中国の負債」と題して、中国を発生源とする新型コロナウイルス感染でドイツがこうむった被害への賠償を要求したことだった。同社説はビルトの編集主幹ユリアン・ライヒェルト氏の署名入りで書かれ、中国がコロナウイルスについて「全世界をあざむいた」と断じていた。その結果、ドイツが受けた経済的被害の総額千六百五十億ドル（約十八兆千五百億円相当）を中国政府が賠償として支払うべきだと要求していた。

その被害の内訳として観光業、航空業、中小企業、映画産業などをあげ、それぞれの産業分野での被害額を具体的な金額で示していた。

ライヒェルト氏のその社説は損害賠償請求の理由などについて以下のように述べていた。

「中国政府は、新型コロナウイルスの拡散によって全世界に負わせた巨大な経済的打撃への賠償金を支払うべきだ」

「習近平主席、その政権、そして科学者たちは、このコロナウイルスが極度に感染力の強いことを長い期間知りながら、外部世界にあえて知らせず、あざむいた」

「中国のトップの専門家たちは、欧米の科学者、研究者たちが武漢でなにが起きているのか質問を重ねたことに対しても、なにも答えなかった」

「習近平氏よ、あなたは明らかに真実を告げることは自国の屈辱だとみなし、隠したのだろう。その態度は高慢であり、民族主義過多だった」

「中国政府はまずドイツに与えた経済的損害への賠償金として、千六百五十億ドル相当を支払わねばならない」


ビルト紙の社説は以上のような趣旨を述べて、賠償金の内訳として前記のように中小企業とか航空業などを列記した。その内訳を項目別の請求書の形式にして表記までしたのだった。

ビルトは日刊の発行部数二百二十万、ドイツでは最大、ヨーロッパ全域でも首位に近い部数を誇る。特徴としてはタブロイド判のいわゆる大衆紙だが、それだけに一般的国民の心情を率直に表明する場合が多い。政治的には保守系とされる。

ビルトのこの中国への非難と要求は、アメリカやヨーロッパ諸国の大手メディアでも報道された。とくに対中賠償請求の動きが活発となったアメリカでは大きく報じられた。

イギリスでもコロナウイルス感染によりジョンソン首相が生死の境までさまよったとあって、この種の動きには敏感であり、主要メディアが詳しく報道した。

しかし、このビルト紙の強硬な主張に対して中国政府が即座に反撃した。このへんがいかにもいまの中国政府らしい特徴なのである。

「中国対ドイツ新聞」という珍しい抗争

すぐ翌日の四月十六日、ベルリンにある駐ドイツの中国大使館がビルトへの反論を公開書簡の形で発表したのだ。しかもきわめて激しい語調での反論だった。

その内容は以下のようだった。

「ビルトの記事は、いま全世界に及ぶパンデミック（世界的な大感染）への責任を中国一国だけに帰するという劣悪な主張だ」

「中国はコロナウイルスに関する重要な事実を抑えたことはなく、国際保健機関（WHO）

への情報提供の責務を果たしてきた。だがビルトはその基本的な事実を無視している」

「いまコロナウイルスと戦う多くの諸国は中国が国際保健規則に沿って、その発生を報告した後、国境を越えての拡散に備える時間は少なくとも一ヵ月はあったのだ」

「国際的に著名な複数の科学者たちは中国の敏速で断固たる行動がこのパンデミックの防止に寄与して、全世界に少なくとも一ヵ月の猶予を与えたことを確認した。だがビルトはその点をなにも記していない」

「一部の政治家や専門家、メディアの代表たちは、ウイルス抑止での自分の失敗や弱さから他者の注意をそらすために勝手な非難を誤った対象に浴びせている」

「ビルトはナショナリズム、偏見、外国嫌悪に火をつけ、中国とドイツ両国民の間の伝統的な友好を傷つけている。この危機に対しては各国間の学習や協力こそが必要なのだ」


以上のような中国政府の反論は、これでもか、これでもかという勢いだった。その内容は実際に武漢での感染症拡大が明白となった時期の中国政府の動きとは一致しない点ばかりだった。だがそんなことはお構いなく、中国の反撃はまさに倍返しのまた倍返し、激烈をきわめていた。

それでもなお、ここまでのやりとりなら、そう珍しくはない。中国政府の言動に対して、他の諸国の政府やメディアが批判をして、中国が激しく反論する。こんな実例は近年ではごくふつうとなった。ただしこのドイツの新聞と中国政府のやりとりの場合、ここから先の展開がとくに異色だといえた。中国政府のこの反論に対して、ビルト紙側がさらに非難を浴びせたからである。しかもその言辞が近年では稀なほど手厳しかった。ビルト側の言葉の攻撃も戦闘的、挑発的、敵対的だったのだ。

その反論はふたたび編集主幹ライヒェルト氏の名前でドイツ語と英語の両方の表記により習近平国家主席を名指しして表明されていた。だからすっかりユニークな言論戦となってしまった。形式としては公開書簡とされていた。その内容は以下のようだった。

「習近平氏よ、あなたは国家を監視によって支配している。監視制度がなければ、あなたは国家主席とはなっていない。国民の行動すべてを監視しているのに、武漢の海鮮市場での感染症をきちんと監視することを怠った」

「あなたは自分の統治に批判的なすべての新聞、すべてのウェブサイトを閉鎖してきたが、コロナウイルスの発生源だというコウモリのスープを売る屋台を監視も閉鎖もしなかった」

「あなたは自国民を監視して抑圧するだけでなく、感染についての重要な情報を抑圧することで、全世界を危機にさらしたのだ」

「武漢で発生したコロナウイルスは市場ではなく、同じ市内のウイルス研究所から安全基準の欠落によりコウモリのからむウイルスが流出したという情報もある」

「あなたのドイツ大使館は私が中国の国民との伝統的な友好を傷つけたと非難する。だがあなたの友好とはマスクを全世界に輸出することではないか。それは友好ではなく、微笑で偽装した帝国主義であり、トロイの木馬なのだ」

「習近平氏よ、あなたは疫病を輸出することにより中国を強化することを計画しているのだろう。だがあなたは成功しない。やがてコロナウイルスはあなたの政治的な生命の終わりをもたらすだろう」

他国の元首に対して公開でのこれほど激しい攻撃は、国際的にまず他に実例がないのではないか。ビルト紙のライヒェルト編集主幹の激烈な批判に対して、中国側は再度、各種の官営メディアを使って抗議と攻撃を続けた。その応酬はかなりの期間、続いたのだった。

だが一国の一新聞が大部数を誇るとはいえ、中国の国家主席に直接、このような抗議をぶつけることはきわめて珍しい。それほど激しい中国への反発が、今度のコロナウイルス拡散によってドイツにも生まれたということだろう。

「イタリアの怒り」全世界で頻発する中国政府への反発

同じような第二の実例はイタリアで起きた出来事である。

「中国政府の新型コロナウイルスの隠蔽工作は全人類に対する犯罪だ！」

こんな激しい糾弾の言葉が欧米メディアで繰り返し報じられるようになった。これはイタリアの有力政治家の発言だった。やはり二〇二〇年四月のことである。中国の習近平政権が当初、コロナウイルスの感染拡大を隠し、感染の状況などについて虚偽の情報を流していたことへの非難は、アメリカの官民からも激烈な表現で浴びせられてきた。

だが「全人類への犯罪」という表現は極端だといえよう。中国非難は、なぜヨーロッパでここまで険悪となったのか。この発言者はイタリアの前副首相で、右派有力政党「同盟」党首（書記長）のマッテオ・サルビーニ氏によるイタリア議会などでの中国非難だった。

正確には以下の発言だった。

「もし中国政府がコロナウイルスの感染について早くから知っていて、あえてそのことを公に知らせなかったとすれば、全人類に対する犯罪を犯したことになる」

「もし」という条件をつけたとはいえ、中国政府がコロナウイルスの武漢での拡散を隠したことは周知の事実だから、直接的な中国非難だといえる。サルビーニ氏は四月から五月にかけて数回、同趣旨の中国非難を繰り返した。以下のような表現で議会発言をしたことも報道された。

「中国はコロナウイルスのパンデミックをカバーアップすることによって、全人類への犯罪を犯した」

この言葉には「もし」はなく、より直線的な中国非難となっていた。

サルビーニ氏は四十七歳の気鋭のイタリア人政治家である。欧州議会議員を三期務め、現在はイタリア議会の上院議員である。保守派政党の「同盟」を率いて、二〇一八年の総選挙では第三党となり、連立政権の副首相兼内相に就任した。

二〇一九年九月に内閣を離れたが、その後も活発な政治活動を展開してきた。現在のジュゼッペ・コンテ首相の連立政権が中国への接近策をとったのに対して、サルビーニ氏は一貫して批判を述べてきた。

イタリアが「一帯一路」に参加して、中国からの技術者や学生、移民などを多数、受け入れてきたことにもサルビーニ氏の「同盟」は批判的だった。

イタリアでの大感染が爆発的に起きる直前の一月下旬、中国の新年の春節の時期にイタリア在住の中国人たちが中国に戻り、またイタリアに帰ってきた際、「同盟」はコロナウイルス防疫対策として検査や隔離を提案した。

しかしイタリア政府はその種の規制を一切、実行しなかったという経緯もある。その後、イタリアは全世界でも、もっとも悲惨とも評されたコロナウイルス大感染に襲われた。全国民の封鎖状態が長く続いた。

六月冒頭の時点でも、感染者は累計二十三万三千人以上で世界第九位だった。死者は三万三千人を超え、世界第三位を記録していた。他の諸国にくらべて死者の比率が高いのが特徴だった。

とくに三月から四月にかけてイタリアは感染者や死者が爆発的に増えて、全世界でももっとも顕著な国家的危機を迎えていた。弱り切った感染者が出ても、収容する病院がない。死者が続出しても、埋葬する墓地がない。そんな悲惨な状態が続いていたのだ。

だからこそ中国との絆の拡大に、そもそも批判的だったサルビーニ氏が、激しい言葉で中国政府のコロナウイルス隠しを糾弾することには、それなりの理由があったといえよう。

しかしそれでも中国政府に対して浴びせる「全人類への犯罪」という表現は過激だった。過激すぎるという見方もあるだろう。だがアメリカやヨーロッパの主要メディアは、そのサルビーニ発言を「中国への激しい怒り」の実例として大きく報道するようになった。

アメリカのワシントン・ポストも四月中旬の「中国に対して怒っているのはトランプ大統領だけではない」という見出しの記事でサルビーニ発言を詳しく紹介していた。ヨーロッパでイタリアの各メディアがこの発言を報道したのは当然だが、イギリスやフランスの新聞、テレビなども同様に「イタリアの怒り」の実例として、その発言を伝えていた。

だがイタリアの国内的な視点でみても、サルビーニ氏のように中国への激しい怒りをほとばしらせる反応は十分に理解できるようだ。なぜならイタリアの中国への接近は異様なほどであったからだ。同国内の一部にはその動きを批判し、とくにウイルスの感染が明らかになった時点で注意を促す声があったのである。

その注意や抑制の声にイタリア全体が従っていれば、コロナウイルス大感染による惨事はかなり防げたともいえるからだ。イタリアでは二〇一八年の政変で、それまで無名の大学教授だったジュゼッペ・コンテ氏が首相となった。同首相は経済の構造改革を忌避して、中国からの投資に頼るという安易な道を選んでしまった。しかも中国主導の「一帯一路」構想に入った。ヨーロッパでは唯一の参加だった。

アメリカの反対を無視したイタリアは「一帯一路」参加で、自国のインフラ全般に中国の関与を許した。四つの港湾施設を中国の国有企業に一部保有、あるいは管理する権限を与えた。そんなところまで中国依存度を高めたのだ。

中国側はイタリア北部のロンバルディア州や中部のトスカーナ州の自動車、ファッション、ハイテクなどの文化や歴史の豊かな工業地域に集中的に投資をした。だから同種の工業の盛んな武漢との関係が深くなった。

そもそもイタリアは「一帯一路」への加盟前から、服飾製品の製造と販売の両面で中国との絆が太かったのだ。コロナウイルス感染の直前の時点では、イタリア国内には合計三十万人の中国人が居住していた。その九〇％ほどが服飾産業に従事していたとされる。

そのうえイタリアではウイルスの国内侵入に対して、明らかに十分な対策を講じなかったという実態がアメリカのウォールストリート・ジャーナル、ニューヨーク・タイムズなど大手メディアの現地からの報道で明らかにされていた。以下のような報道だった。

・一月後半にロンバルディア州に定住していた中国人家族多数が春節前後に中国の湖北省などに一時帰国して、また同州に戻った際、イタリアの保守系野党からは「中国でのウイルス感染の防止のために一時、隔離すべきだ」という意見が出たが、コンテ首相は中国との関係悪化や人種差別非難への懸念を理由に応じなかった。

・一月下旬、中国からの文化・観光の大規模な使節団がイタリアを訪れた際、コンテ政権はローマ市内のサンタチェチーリア国立管弦楽団のコンサートに招き、両国代表多数がその後のパーティーで飲食をともにしたが、その直後にイタリア側から防疫の観点からはリスクの高い軽率な交流だったとする批判が出た。

以上の報道記事にある「イタリアの保守系野党」というのが、サルビーニ氏の率いる政党「同盟」だったのである。

だからサルビーニ氏はイタリア政府に対しても、防疫措置の不備を厳しく批判していた。だがそれ以上に怒りをみせて非難した相手が中国政府であり、そのコロナウイルス隠蔽工作だったのである。

このような非難の声は、今後イタリア自体の中国との関係を根本から考え直すという動きが起きても、ふしぎはないという展望を意味する。

ヨーロッパ諸国でこれまで中国に対してもっとも友好的な政策をとってきたイタリアでさえ、こうした激しい中国糾弾の言葉が発せられるという現実は、今後の国際社会全体での中国にとっての厳しい環境をも予測させるようである。

第八章　アメリカの対中軍事抑止

軍事行動を活発にする中国人民解放軍

新型コロナウイルス後の世界を考える際に、軍事という側面への注意も欠かせない。まず中国は国際秩序へのアプローチでは必ず軍事力の役割を重視する。他国との領土紛争では軍事力を実際に行使する。行使しないにしても、場合によっては行使するぞという意思と能力を示して、相手を後退させる。

中国がコロナウイルスの感染にもかかわらず、あるいは感染だからこそ、アジア地域で軍事攻勢を強めてきたことは第六章で報告した。しかしインド太平洋を舞台とする中国の軍事がらみの攻勢に対して、現実の次元でまともに対抗できるのはアメリカだけである。

軍事にかかわってはいけないという異色の憲法を有する日本にとっては、とくに肝に銘じておかねばならない現実である。いかに不都合であっても、日本にとっては自国の存立や生存にかかわる現実なのである。

中国人民解放軍の海軍は、七月一日から六日まで大規模な軍事演習を実行した。南シナ海、東シナ海、黄海という三つの海域にわたる演習だった。中国海軍が三海域で同じ時期に実施するのは異例だった。しかも事前に公式発表する用意周到ぶりだった。内容の詳細は不明のままだが、新型の国産のミサイルフリゲート艦やミサイル駆逐艦などが投入され、実弾を使った訓練も行われたと伝えられた。

周知のように南シナ海も東シナ海も中国が他国の主権、領有権を主張する島々を一方的に占拠したり、攻勢をかけたりする紛争海域である。そんな海域で中国海軍が大規模と思われる軍事演習を、あえてこの時期になぜ実施するのか。

この海域の関係諸国はみな大なり、小なり、コロナウイルスに悩まされている。中国自身もコロナウイルスで受けた傷は大きいはずである。だがそれでもあえて軍事演習を実行して国際緊張を高める行動に出る。国威の発揚か、自国民の目を国内よりも国外に向けさせる策略か。あるいはコロナウイルス対策に追われる紛争相手国の弱みにつけこみ、自国の領有権主張を軍事という手段で推進する狙いなのか。その動機には多様な要素が考えられる。だが他国からすれば自国の領有権の侵害、自国への軍事威嚇、さらには国際的な規範の無視ということになる。現にベトナム政府がすぐに抗議した。

南シナ海で領有権を争うベトナム外務省の報道官は、中国の軍事演習に対して七月二日の記者会見で次のように言明したのだ。

「中国の軍事演習はベトナムの主権を侵害し、南シナ海の状況を複雑化する。ベトナムは中国に抗議するとともに、このような行為を繰り返すことがないよう要求した」

紛争が未解決の海域での一方的な軍事演習は、どうみても無法であり、強引であり、威嚇となるのである。この中国の動きに対してアメリカも即座に反応した。

トランプ政権のポンペオ国務長官は七月三日、ツイッターに以下を書いた。

「南シナ海の係争中の海域での中国による軍事演習はきわめて挑発的だ。アメリカは中国の違法な領有権主張への東南アジアの友好国の主張に同意する」

アメリカ国防総省も以下の声明を発表した。

「中国の軍事演習について、中国が南シナ海の軍事拠点化や近隣諸国に対する威圧を改めることを期待しつつ、状況を注視する」

ポンペオ長官の声明がとくに重要だった。アメリカ政府が南シナ海での領有権紛争に関して、中国の主張を退ける立場を明確にしたからだった。

他国間の領有権紛争に対するアメリカ政府の公式な立場は、あくまで中立だった。いかに一方の主張が理不尽にみえても、あるいは合理的にみえても、あえて反対や賛成は表明しないというのがアメリカ政府の伝統だった。

ところがポンペオ国務長官は、明らかに南シナ海での中国のスプラトリー諸島やパラセル諸島に対する領有権主張に反対し、他の諸国の主張を支持すると宣言したのである。

即座に対抗措置をとるアメリカ

トランプ政権はさらに重みのある措置をとった。

アメリカ海軍も、この海域で軍事演習を実行すると言明したのだ。中国の海軍が軍事演習を始めた同じ海域で米側も演習を断行すると宣言したのである。中国の軍事示威行動に対する正面からの対抗だった。アメリカ海軍はすぐに原子力航空母艦のニミッツとロナルド・レーガンの二隻を南シナ海に派遣した。

アメリカ海軍当局はこの演習の目的について、以下のように発表していた。

「あらゆる戦闘の状況下で傑出した柔軟性や耐久力、機動性、兵力を備えるためであり、国際法が認める地域で飛行や航行、展開するすべての国の権利を支持するアメリカの意思を示す」

つまりは中国に圧倒されそうな紛争関係諸国の権利を支持するというメッセージだった。

アメリカ海軍は空母のニミッツとロナルド・レーガンが南シナ海では「防空能力の最大化と、艦載機からの長距離精密攻撃の射程の拡大を目的とした複数の軍事訓練を実施した」と後に発表した。七月五日ごろ、中国海軍の演習がちょうど終盤を迎える時期だった。

アメリカ海軍の空母二隻が南シナ海に派遣されたのは二〇一四年以来、初めてだった。その前は二〇〇一年だったという。要するにアメリカ海軍が巨大な航空母艦を二隻同時に同じ海域にむけて出動させることは珍しいのである。今回、出動した空母二隻には六十機以上の航空機やミサイル巡洋艦、駆逐艦も同行していた。空母を主体とする機動部隊が二つということだった。

中国の軍事行動を抑えつける威圧と抑止の効果を十分に感じさせる動きだった。

中国外務省の報道官は声明を出した。

「域外の一部の国が大規模な軍事活動のために、数千マイルも移動して南シナ海を訪れて、武力を誇示することは、南シナ海の安定に悪影響を与える根本的な理由となる」

中国にとっては明らかに威圧を感じさせられるアメリカの軍事行動だった。

中国側には「アメリカ海軍の空母二隻が出動」という言葉から連想される好ましくない体

験があった。悪夢といってもよいだろう。アメリカ海軍の空母二隻に屈辱を味わわされた体験だった。

一九九六年三月、台湾は初めての完全な民主主義的な国民の直接投票による総統選挙を迎えた。台湾独立志向の強い李登輝氏が勝利する見通しが強かった。この状況に激しい不満を感じた中国共産党政権は台湾住民を脅すために、大規模なミサイル発射の軍事演習を断行した。中国からすれば、李登輝氏の勝利は北京政府の年来の政策へのチャレンジである。そして、こんな軍事危機をもたらすのだという警告を台湾有権者に送るという意図だったことは明白である。

その結果、台湾危機とも呼ばれた軍事緊張が高まった。台湾の保護役を務めてきたアメリカが座視しなかった。ときのクリントン政権がニミッツとインディペンデンスという空母二隻を主体とする機動部隊を台湾近海へと送りこんだのである。

巨大な空母二隻の接近という軍事効果は大きかった。そのころの中国人民解放軍には米軍の空母に対抗できる軍事能力はまったくなかった。だから中国軍は台湾周辺海域へのミサイル発射をすぐに中止した。米軍の軍事抑止力に屈したのだ。中国指導部はこの事態を国家としての屈辱として受け止めたという。実際に中国の本格的な軍拡は、この事件のすぐ後から始まったのだった。

それから二十四年後の二〇二〇年、アメリカと中国は米側の航空母艦二隻をまきこんで、また対決したというわけである。

米中の軍事衝突の可能性

米中関係における軍事面の重要性については、この章の冒頭で強調した。

経済面では世界第一と世界第二の大国である両国がさまざまな側面でからみあい、競いあい、ぶつかりあう。そのうねりはコロナウイルスの大感染によって、さらに激しく険しく複雑となった。だが米中両国ともに最悪の事態には、軍事衝突という危険な帰結がありうることを認識している。

軍事力は実際に戦争に突入して、行使するという事態にならなくても、政治や経済の利害の衝突では背後の重大な要素ともなる。一方が他方に要求をぶつけて、要求された側が応じなければ、要求した側は最後の手段として軍事力に訴えるという切り札が常に存在するのである。

それが現実の国際関係だともいえる。米中関係でもその実態は変わらない。

だから米中両国間の軍事情勢は重視せざるをえないのである。

こうした現実を踏まえて、アメリカ側の中国に対する軍事の戦略や政策を眺めてみよう。アメリカの対中軍事政策は、アメリカの軍事力に依存する日本の国家安全保障にとっても根幹にかかわる重大な課題である。

トランプ政策の内外の主要政策のなかで、日本ではもっとも論じられることが少ない部分がある。それは軍事政策、国防政策なのだ。

トランプ大統領は「強いアメリカ」という選挙公約の下に就任以来、画期的な軍事力増強を果たしてきた。国防費の大幅かつ連続した増額だった。

二〇二〇年の国防費は七千億ドルを超えた。七千億ドルとはおおざっぱにいって八十兆円である。日本の防衛費の二十倍ほど、日本の年間の国家予算全体に等しい額なのだ。

この防衛力大増強は、オバマ前政権時代に国防費がいじめられるように削られていったことへの穴埋め、反発でもある。

いずれにしてもトランプ政権はヨーロッパでの北大西洋条約機構（NATO）主体の防衛力増強と、アジアでの日米同盟や米韓同盟を中心とする防衛力増強とを一貫して進めてきた。アジアではもちろん中国の軍事脅威への対応と抑止だった。トランプ政権が中国の軍拡に対応して、その抑止のためにアメリカ軍の増強を大幅に進めてきた事実は、日本ではほとんど伝えられていないのだ。

アメリカの対中軍事政策

ではアメリカの対中軍事政策をみてみよう。

トランプ政権は中国との対決が戦争まで発展する可能性も考え、対中戦争に確実に勝つ態勢を構築している。そんな有事の発火点としては、尖閣諸島での米中衝突も予測される――。

こんな対中軍事戦略の骨子が、国防総省の中国担当責任者による議会の証言で明らかにされた。中国の最近の動向をアメリカやアメリカ主導の国際秩序破壊とみるトランプ政権の最悪事態に備える姿勢だといえる。

トランプ政権のチャド・スブラジア国防次官補代理（中国担当）は二〇二〇年一月二十日、議会の諮問機関の米中経済安保調査委員会の公聴会で証言して、同政権の中国に対する軍事政策の実態を明らかにした。

この公聴会は「中国の軍事力遠隔投入とアメリカの国益」と題されていた。

その目的は中国が画期的な規模と速度で進める「軍事力近代化」の実態や米側の対応について、トランプ政権の代表や民間の専門家たちの見解を聞くことだとされていた。

スブラジア同代理は中国の軍事動向について、まず以下のような基本点をあげて特徴づけた。

・中国は大規模な軍拡を一貫して続け、公表する国防費だけでも一九九九年には二百八十億ドルだったのが二〇一九年には千七百七十億ドルと、驚異的に増えた。しかも中国は国防費に含まない軍事支出も多く、現実の国防費は公表分の数倍ともみられる。
・中国の実際の軍事力は要員二百万、海軍ではまず世界最大の規模、各種の弾道、巡航ミサイル、最新鋭戦闘機、サイバー、宇宙での戦闘能力の増強など、近代史でももっとも野心的な軍拡を達成してきた。
・中国はとくに習近平体制下で軍民融合の基本方針の下、軍事力を「中国の偉大な復興」という国策のために建国から百年目の二〇四九年にはマルクス・レーニン主義的の統治を堅固にし、国際的にも主導権発揮のための最大手段とすることを目指している。
・中国は軍事力増強の目的の一つにインド太平洋地域での覇権の確立も含め、とくに台湾の併合を目指す。そのためには台湾を軍事制覇するだけでなく、米軍の介入を抑止する能力の確保を目的とする。さらに「一帯一路」の安全確保のために遠距離への軍事力投入の能力を高めている。
・中国は軍事力によりインド太平洋でアメリカを後退させ、軍事、政治、経済の各面で影響力を強めて、地元の諸国の主権を弱め、経済的な略奪を進めていくことを基本の国家目標とする。

・中国がアメリカと軍事的な衝突を起こしやすい発火点は台湾海峡、南シナ海、尖閣諸島、さらには朝鮮半島である。中国軍はこれら地域で米軍の兵力遠隔投入能力を減らし、自軍の増強を続けて、対米抑止力を高めようとしている。

スブラジア次官補代理は中国軍の戦略上の目的や動向について証言するとともに、中国側の動きはアメリカ側としては受け入れられないとして、その阻止のための米軍の対応策について語った。その要点は以下だった。

・第一には米軍は最新鋭の高度技術を導入しての軍事能力の大幅向上に努め、中国との将来の戦争に勝利する能力を確保する。
・第二にはインド太平洋地域の同盟諸国との軍事的連帯を強化する。兵器の互換性の向上、合同演習の強化などにより、「自由で開かれたインド太平洋」の保持を目指す。
・第三には中国側が野心的な覇権の拡大を軍事的に遂行せず、現状の均衡保持へと傾く場合には、アメリカ側も同様に現状維持の軍事政策を保ち、偶発的な軍事衝突の危険を低くする信頼醸成措置などをとる。
・第四には、しかし中国側がいまのように覇権拡大を続ける限り、前記の台湾海峡や尖閣諸島などでの実際の戦闘開始も含めて、米軍は実戦能力の高い軍事体制を保ち、中国側と戦闘をして勝利する能力を保持する。そうした態勢と能力の保持が実際の戦争防止に有効な抑止力となる。

このようにトランプ政権としては、中国の大軍拡とその覇権拡大に対して政策として正面から反対し、その野望の達成を抑えることを基本戦略としているわけである。

そして最悪の場合には中国との全面戦争も想定して、その事態に備え、実際の戦闘で勝利を得る能力を保持するわけだ。

その「戦争に勝利する能力の保持」こそが戦争を防ぐ最善の方法になるというのが、トランプ政権の国家防衛戦略でも明記する軍事方針の基本である。

その基本を中国に対して改めて明確にしたのが、今回のスブラジア国防次官補代理の証言だった。アメリカ政府のこうした対中軍事政策は、日本としても正確に認識しておくことが不可欠である。

六年間で特別強化されるインド太平洋の防衛

トランプ政権下のアメリカ軍部は以上のような対中戦略の大枠のなかで、インド太平洋での防衛体制をさらに追加の形で増強していく方針をも明らかにした。アメリカ軍部が今後六年間に中国を主対象とするアジア太平洋地域での軍事力の特別強化を計画していることが判明したのである。

全世界を揺さぶる新型コロナウイルスの大感染がおさまった後、アメリカ側のさらに厳しい中国敵視の展望が浮かびあがったともいえそうだ。

米軍のインド太平洋軍のフィル・デービッドソン司令官は、アメリカ議会に特別の報告書を出し、日本や台湾を中心とする西太平洋地域で中国を抑止する目的の軍事的措置をとるための追加予算合計約二百億ドルを要求した。

これは四月上旬にアメリカの複数メディアの報道によって明らかとなった。

アメリカ政府は国防予算として議会に対して二〇二〇年度分に総額七千四十億ドル、二〇二一年度分に総額七千五十億ドルをすでに求めているが、インド太平洋軍司令部は中国の軍事的脅威の増大に備える特別な緊急措置として追加予算二百億ドルを二〇二一年度から二〇二六年度までの予算に新たに加えることを要請していた。

このデービッドソン司令官の報告書の内容も、アメリカのメディアの報道により明らかとなった。同報告書は「優位の再獲得」と題され、アメリカ側が中国に対する軍事的な優位をふたたび確実にするという意図が明白だった。

デービッドソン司令官は報告書で、「インド太平洋の軍事的均衡がアメリカにとって好ましくない方向に向かっている」と強調し、「敵対国が軍事力で現状変更を試みる危険性を高めている」と警告していた。この報告書では、米軍の西太平洋での潜在敵国として中国の名を明記し、しかも中国人民解放軍が策定した海上の防衛線の第一列島線、第二列島線という呼称をはっきりとうたって、その抑止力強化を強調した点が特徴だった。

同司令官の報告書は「中国が軍事力によって政治や経済面での目的を達成するという行動を抑えて、できないようにすること」という表現でアメリカ側の軍事力強化の目的を明記していた。トランプ政権下の米軍首脳のこうした議会への要請は異例であり、アメリカが今後も長期間にわたって、インド太平洋地域では中国を主要な脅威とみて、その抑止に努めていく基本戦略を明らかにしたといえる。

具体的な新戦略を盛りこんだ防衛策

デービッドソン司令官の報告書は米軍が将来、西太平洋地域でとる意向の手段として以下のような諸点を記していた。そしてその手段としての軍事的措置をとるための追加予算を要求していた。

・グアム島の米軍基地の防衛強化のための長距離精密兵器主体の防空能力を統合する。そのために敵の弾道ミサイル、巡航ミサイル、極超音速兵器を探知する新レーダー網やグローバルな脅威を追尾する宇宙拠点のレーダー網を強化する。

・第一列島線（中国軍が対米防衛ラインとして決めた九州を起点に、沖縄、台湾、フィリピン、ボルネオ島にいたる作戦ライン）に対する地上配備対艦ミサイルの攻撃能力と防空能力を高性能兵器の新配備によって増強する。

・第二列島線（中国軍が対米防衛ラインとして決めた伊豆・小笠原諸島からグアム・サイパンを含むマリアナ諸島群などを結ぶ作戦ライン）に対する防空ミサイル防衛を増強する。

・中国側がA2／AD（接近阻止・領域拒否）によりアメリカ側の航行の自由や重要な水路、空間への接近を制限する能力を高めていることに対抗して、地上、海上配備の高性能兵器をこれまでより分散して新配備する。

・中国軍の軍事増強への有効な抑止力として、インド太平洋地区の同盟諸国との軍事演習を強化する。そのためにはアラスカ、ハワイ、カリフォルニアの軍事的な施設や基地を新たに使用する。

・二〇一五年に着手された「海洋安全保障構想」（MSI）によるアジア太平洋地域の同盟諸国との安全保障協力を当初の予定よりも三二％増額した予算によってさらに増強する。

・アメリカとインド太平洋でのその同盟諸国の防衛努力に悪意ある影響を及ぼそうとする政治、軍事プロパガンダに対抗するための反プロパガンダ作戦を再強化する。

デービッドソン司令官は以上のような諸点をインド太平洋軍の今後の戦略目標として掲げ、その実行には約二百億ドルの追加予算が必要だと議会に要請したのである。

当然ながら日本の防衛にも大きな影響を及ぼす米軍の動きだといえる。

海兵隊を新戦略の柱におく

インド太平洋でのアメリカ軍各部隊のなかでスピーディーな動きで知られる海兵隊は、とくに異色の重要任務を果たす。いざ戦闘が起きたという場合、最初に現地に急行して対処にあたるのが海兵隊の部隊である。

このアメリカ海兵隊がインド太平洋全体の有事に備えて日本を前線の最大拠点としていることは、よく知られている。その海兵隊の新戦略も中国の南シナ海、東シナ海での海洋攻勢の抑止に新たな重点をおくようになったことが明らかとなった。

米海兵隊は中国軍の島々への軍事攻撃を防ぐ目的をとくに重視するようになったというのだ。

この新戦略では従来の中東などでの地上戦闘やテロ攻撃への同海兵隊の対処が減り、アジア地域の海洋戦闘能力の増強が図られるという。

日本の尖閣諸島の防衛にも、前向きな影響が期待できる動きだといえよう。

アメリカ海兵隊は今後十年ほどの長期の新戦略を公表した。二〇二〇年四月のことだった。その概要が同海兵隊の総司令官デービッド・バーガー大将により明らかにされた。

バーガー司令官は、まず海兵隊の新戦略の必要性について次のように説明した。

「国防総省の相対評価局（ＯＮＡ）や民間のランド研究所の予測によると、西太平洋での中国との有事では中国軍が各種のミサイル攻撃などにより米軍の防空網、空軍基地、衛星システム、司令部機能などを破壊する能力が十分にあるのに対して、米軍は抑止の能力が不十分なことが判明した」

「そのために二〇一七年に国防長官レベルでその不備への対処に海兵隊の太平洋での戦略の再構築が必要であることが決められた。その結果、二〇三〇年を目標としてアメリカ海兵隊全体の長期の新戦略が策定された」

バーガー司令官が明らかにしたアメリカ海兵隊の新戦略の骨子は以下のとおりだった。
・海兵隊全体の規模を現在の十八万九千人から十七万人に減らすが、質の増強を図り、活動の主要地域もこれまでのイラクやアフガニスタンから太平洋へと比重を移す。
・戦闘能力の重点を地上戦闘から海洋の島嶼《とうしょ》攻防戦、水陸両用作戦に移し、戦車中隊を現保有の七からゼロへ、橋頭堡《きょうとうほ》工兵中隊を現在の三からゼロへ、歩兵大隊を現在の二十四から二十一へ、それぞれ減らす。

・無人機飛行中隊を現有の三から六へ、ミサイル・ロケット中隊を現有の七から二十一へ、それぞれ増強し、中国海軍の艦艇への攻撃能力を増す。

・とくに南シナ海と東シナ海での中国軍の攻勢に備えて、機動性の高い水陸空多面作戦に適した新遠征軍「島嶼連隊」を結成して、小さな諸島の防衛や攻撃を島から島へスピーディーに実行できる体制構築を目指す。

・センサーで操作する無人の空中、水面、水中の攻撃兵器を強化して、中国海軍の艦艇の軍事進出を阻む能力を保持する。海兵隊自身が中国艦隊に対艦ミサイルを撃ちこむ能力を増強する。

バーガー司令官は以上のポイントを、海兵隊部隊の今後十年の新戦略の重要点として具体的に強調した。その内容の最大の特徴は、中国に対する軍事体制の集中的な強化だった。同司令官の発表では「南シナ海」「東シナ海」「島嶼」「島から島へ」という言葉が目立った。これらをつなぎ合わせれば、当然、中国軍の南シナ海、東シナ海での島々の奪取や占拠へのアメリカ側の軍事対応の強化が浮かびあがる。とくに東シナ海では日本領土の尖閣諸島への中国側への対応や抑止が明確となるわけだ。

つまりアメリカ海兵隊は、東シナ海で中国側が狙う最大の島嶼である尖閣諸島の防衛にあらたな比重をかける。以上の基本策がこの新戦略の中核部分ともいえるわけである。

そしてその背後には、いまの米軍の最大の抑止対象は中国軍の西太平洋地域での動向だという現実が改めて明白になったともいえよう。

日本にとってトランプ政権下での米軍海兵隊のこうした動きは、対中抑止と日米同盟の強化策として注視すべきでもあろう。

危機管理としてのアメリカ海軍の行動

アメリカ軍の中国抑止強化のこうした基本戦略にもかかわらず、コロナウイルス感染の広がりのため米軍の中国に対する即応態勢に一時期、影がさしたことがあった。

アメリカ海軍の主力空母セオドア・ルーズベルトなどの乗組員に感染者が多数出て、通常の航行ができなくなり、グアム島の基地にしばらく休息したままという状態が起きたのだ。

そんな時期にアメリカ海軍太平洋艦隊の潜水艦が多数、東シナ海、南シナ海など西太平洋海域で活動中であることが明らかにされた。五月下旬のことだった。

この潜水艦群の動きは、太平洋艦隊司令部のあるハワイ州ホノルルの新聞が同司令部からの非公式な通告を受けて報道した。

アメリカ海軍は通常、潜水艦の動向を具体的には明らかにしていない。だが今回は、太平洋艦隊所属の潜水艦の少なくとも七隻が西太平洋に出動中であることが同司令部から明らかにされたのである。それら潜水艦の任務は、アメリカ国防総省の「自由で開かれたインド太平洋」構想に沿って中国への抑止を誇示することにあるのだという。

アメリカ海軍全体としては、新型コロナウイルスの感染が海軍艦艇の一部乗組員にも及び、艦隊の機能低下が懸念されることに対応して潜水艦隊出動の公表だという点が明確にされていた。その任務はより具体的には前述の「自由で開かれたインド太平洋」構想に沿っての「有事対応作戦」とされていた。今回の潜水艦出動も中国が覇権を目指す南シナ海や東シナ海での展開が主目的とみられる。

同報道によると、太平洋艦隊所属でグアム島基地を拠点とする攻撃型潜水艦（SSN）四隻はじめサンディエゴ基地、ハワイ基地を拠点とする戦略ミサイル原子力潜水艦（SSBN）など少なくとも合計七隻の潜水艦が五月下旬の時点で西太平洋に展開して、臨戦態勢の航海や訓練を実施しているということだった。その活動の主要目的は中国の軍事膨張への抑止能力の健在を明示するとともに、太平洋艦隊所属の空母セオドア・ルーズベルトの乗組員にコロナウイルス感染者が多数発生して、グアム島基地で活動停止となったことから生まれる太平洋艦隊の有事即応能力への疑問を払拭《ふっしょく》することにあるという。

この点はすでに述べたとおりだが、この太平洋艦隊司令部の発表を受けての報道でも、改めて強調されていた。アメリカ海軍当局もこれら潜水艦が西太平洋海域で臨戦態勢を保ち、戦闘訓練を続けていると発表した。

太平洋艦隊の潜水艦群司令官のブレイク・コンバース少将の声明も公表されていた。

「わが潜水艦群はいかなる危機や紛争にも即時に対応し柔軟に動いて、戦闘ができる態勢にある。国際法に基づき、アメリカとその同盟諸国の基本利益を守るために活動することが任務なのだ」

中国への抑止のメッセージがこめられていることを改めて感じさせる声明だった。

太平洋艦隊の潜水艦の機能を強調するこうした動きは、コロナウイルスの感染がアメリカ海軍にまで及び、空母セオドア・ルーズベルトの乗組員の半数ほどの感染だけでなく、他の艦艇にも同様の感染が広がることへの危機管理の発信だともいえた。

ウイルスの脅威から起きるアメリカ海軍全体の危機対応能力への懐疑を抑えることが主要目的だと目される。とくに西太平洋海域でアメリカ側がいま国防上の明白な脅威とみなす中国軍への抑止効果をこめるというわけだ。

米中関係のコロナウイルス危機をはさんでのせめぎあいには、こうした軍事要素が密接にからんでいるのである。

第九章
コロナウイルスは世界をどう変えるか

停止するグローバル化

中国発の新型コロナウイルスは全世界に襲いかかり、文字どおりのパンデミックとなった。七月下旬の現時点で、全世界での感染者は千百万人を越えた。死者は六十二万に達した。人類全体にとって、これほどの惨禍はこの世界になにをもたらすのか。ウイルスの災禍は日本を含めて、まだまだ終わりはみえてこないが、総決算としてはこの世界にどんな結果を生むのか。国際秩序はどう変わるのか。

この種の問いは、このコロナ大惨禍からなにを学ぶべきかという問い詰めにもつながっていく。すでに広範に指摘されていることだが、このパンデミックがグローバリゼーションを大幅に後退させていくことは、まちがいないだろう。

いやグローバリゼーションは、年来の機能をもうすでに決定的といえるほど失い、規模を縮めてしまった。

グローバリゼーションとは、そもそも国家と国家の間で人、物、カネが境界線を越えて、より自由に動く現象を指す。日本ではグローバリゼーションは、グローバル化と呼ばれることが多い。わかりやすい表現だといえよう。そのグローバル化は、貿易の実例でも明らかなように世界全体、さらには人類全体に数えきれない利益をもたらしてきた。

だがそのグローバル化こそが、この邪悪なコロナウイルスを全世界に広めたともいえるのだ。皮肉な現象である。他の物事と同様にグローバル化にも光と影があるということだろう。

だがこのウイルスの国際大感染を生んだ「影」の部分は、あまりに巨大な暗渠《あんきょ》となった。

このウイルスは中国の武漢で発生した。そこから中国各地へ広まっていった。その時点では日本にも、アメリカにも新型コロナウイルスはまったく存在しなかった。

ウイルスは中国から全世界の多数の諸国へと広まった。国から国へ、国境を越えての動きだった。まさにグローバリゼーションの定義に当てはまる現象だったのである。

だがコロナウイルスが単独で動くはずはない。みな人間の体内に侵入して、その人間が動くからこそ、ウイルスも動くわけだ。だからコロナウイルスの中国から他の諸国への感染は人間の移動あってこそ、だった。

この人間の移動さえなければ、ウイルスは日本に入ってこなかった。日本と中国との間の人間の動き、つまりグローバル化がなければ、私たち日本国民がこれほどの被害や苦痛にさいなまれることはなかったのだ。

だから当然、この危険なウイルスの国境を越えての拡散を防ぐためには、国境の壁を高く厳しくする措置が欠かせなくなる。国境を高くすることはグローバル化への逆行である。いま全世界のどの感染国でも、グローバル化をかなりの部分、停止した。凍結と評してもよい。今後もその停止状態を解くには、ずいぶんと時間と手間がかかるだろう。

グローバル化の停止といえば、欧州連合（EU）の実例がわかりやすい。

EUとはいうまでもなくヨーロッパの諸国の連合体である。

西欧のフランス、ドイツ、イタリア、スペインといった自由民主主義諸国が主体となり、相互の国境のレベルを低くして、経済連携から政治連携も果たした国家共同体だった。

加盟国は主権国家の自主性は基本的に保ちながらも、主権を減らし、共通性を高める。加盟国の国民はEU域内なら他の国の領内でも自由に入れる。通貨も共通とする。国と国との境界を減らすという意味では、グローバリゼーションへと限りなく近づく連帯だった。

EUのその連帯は西欧から東欧へと広がった。いまでは加盟は合計二十七ヵ国に達した。

しかしコロナウイルスの大感染はこのEUの国家同士の連携をあっけなく崩したのだった。ウイルスにまず激しく襲われたEU加盟国はイタリアだった。そのイタリアが年来、連携を保ってきたフランスやドイツへの援助を求めた。

だがフランスやドイツは、自国内でも始まっていたパンデミックの広がりのために、イタリアへの援助にきちんと応じなかった。それどころかイタリアからの自国への入国者を止めたのだった。それ以降、コロナウイルスはEUの多数の諸国を襲い、大規模な被害を与えた。だがその医療や防疫では、EUとして団結してという対処は皆無だった。

イタリア、スペイン、ドイツ、フランスというEU内の加盟諸国はみなそれぞれの国の政府がまず自国を閉鎖して、自国民の救済や防疫に当たったのだった。

EUが前身の欧州経済共同体（EEC）などから発展して、一九九三年に「単一の欧州」などという標語の下に結成されて三十年近くが経った。だが、いざコロナウイルスの危機に襲われると、「単一」と呼べる対応策はなにもとれないのだ。EU加盟の諸国はそれぞれの主権国家がまず主権を発揮し、自国の危機への対処に専念するという様相をみせつけたのだ。

イギリスのEUからの脱退も、なんだか理解できるような事態の展開だった。

あるいは、まるで人類の将来へのオールマイティーの理想のようにもてはやされてきたグローバリゼーションという概念自体が、いざ人間集団が重大危機に瀕するという厳粛な現実の前では、案外もろいものだったのかもしれない。

感染防止に成功した国々とは

ところで全世界で、このコロナウイルスの感染防止にもっとも成功した国々というのはどこだろうか。感染状況の統計からみれば、明白である。

「成功」というのは、もちろん感染者や死者の人数が少ないことが基準となる。ただし中国の周辺に位置するとか、中国からの人の流入がふだん多いとか、その国固有の事情も基準となろう。かなりの感染があってもふしぎではないのに、実際には感染がほとんどなかったという意味の「成功」部分を注視しなければならない。

中国から遠く遥かな世界の果てに位置していて、ふだんも中国とは人間も物品も往来がほとんどないという国であれば、最初から感染の危険度はきわめて低い。中国に隣接するとか、ふだん交流が頻繁という国がコロナウイルスの侵入を防いだのであれば、本当の意味の成功だといえよう。この意味での防疫の成功が明白だった国や地域は以下のとおりである。この統計は七月十六日現在、感染者と死者の数字である。

マカオ　四六（〇）

モンゴル　二六一（〇）

ベトナム　三八一（〇）
台湾　四五二（七）
香港　一六五六（一〇）

以上の国や地域のほとんど無傷のような数字にくらべて、同じ時点での日本の感染者は二万二千人、死者は九百八十四人だった。日本はこれらの国・地域よりはケタ違いに感染の度合いが高いのである。人口の差を別にしても、比率でもずっと多い。だから「日本の奇跡」などと自慢することはできないのだ。

では、さきに紹介した国・地域に共通することはなにか。

まず、みなアジアの国と地域である。そしてそれ以上に顕著なのは、みな中国と隣接しているという地理的な至近である。だからふだんは中国との人間の往来はきわめて多い。

ふつうに考えれば、コロナウイルスが侵入してくる危険がもっとも高かった国であり、地域だったのだ。だがこれら中国隣接の諸国や諸地域では、驚くほどウイルスの感染者、犠牲者は少ないのである。しかもベトナムやモンゴルは、ともに中国とは長い国境を共有している。

ベトナムの場合は総人口九千八百万と、一億に近い。日本とそう変わりはない。だがコロナウイルスの感染者はわずか三百八十一人と日本の約六十分の一、死者はゼロなのである。モンゴルも人口こそ日本よりずっと少ないが、感染者二百六十一、死者ゼロであった。中国とはきわめて長い国境を共有する。その国境はふだん鉄道でもバスでも徒歩でも、手続きさえ踏めば、簡単に往来できる。両国間の貿易量も多いのだ。

だがそれでもモンゴルでのコロナウイルス感染はミニ規模なのである。

台湾の成功例も世界的な賞賛を受けている。香港もマカオも中国と地理的には密着しているのに、コロナウイルスの感染防止には成功した。みな日本よりはずっと少ない感染なのである。

ではこれらの成功例の国や地域に共通する対策とは、なんだったのか。

それは早い時期に中国からの人間の流入を全面停止したことだった。ベトナムでは当初の数人の感染者は、すべて武漢からの入国だった。ベトナム政府はその感染者たちの移動や滞在の区域を一気にロックダウン（封鎖）して、その後に中国を含めてすべての外国からの人間の来訪をもシャットアウトしたのだ。グローバル化の一時全面ストップだった。

いずれも、その思い切った措置が功を奏した。日本とは対照的な動きだった。

WHOから排除された台湾の成功

台湾の成功例はさらに多くの教訓に富んでいた。台湾の人口は約二千四百万、コロナウイルスの感染が四百五十二で、死亡が七なのだから防疫という点では明らかに大成功だろう。台湾も早い時点で中国からの人間の流入を大胆に停止していた。

そのうえに台湾の場合、グローバル化という点ではさらに注視すべき特徴があった。台湾は、全世界でも珍しく感染症などを防ぐための防疫面でグローバルなシステムからは排除されていたのである。グローバリゼーションという概念を目にみえる形で表そうとすれば、まず連想されるのが国際連合だろう。国連は文字どおり世界の諸国の集まりである。世界各国の協議の場と呼ぶのがより正確かもしれない。いずれにしても、まさに地球規模、グローバルな組織だといえる。

その国連の傘下、国連専門機関として感染症対策のために存在するのが、世界保健機関（WHO）である。同機関の任務は世界の人間の健康を守ること、その健康を害する疫病を防ぎ、なくすことである。いま加盟している国や地域は百九十を超える。だからWHOは、今回のコロナウイルスの感染拡大に対しても世界の中心になって防止にあたるべきだった。

そのWHOが世界各国の国家や地域のなかで台湾だけを排除したのである。国連機関の多くは加盟資格を主権国家だけに認める場合が多い。だが人道的な難民救済、食料支援という活動分野の国連関連機関は、主権国家ではない自治区とか特定地域の加盟を認めることも珍しくない。だが台湾の場合は、この種の国連機関、国際機関にたとえオブザーバーとしてでも入ろうとすると、中国が猛反対をするのである。

国際的に中国あるいは中国圏を代表するのは北京に拠点をおく中華人民共和国の政府だけだという主張からだ。いわゆる「ひとつの中国」の主張である。いまのテドロス・アダノム事務局長の下でのＷＨＯは、台湾がコロナウイルスの危機に直面した現実を十二分に知りながら、台湾をＷＨＯの関連分野からすべてボイコットしたのだった。もちろん中国の意思を受けての動きだった。

しかもＷＨＯの罪はそれだけではなかった。ここにもグローバル化が象徴する国際機関の無力さ、さらには有害さが露骨に示されていた。ＷＨＯは今回の新型コロナウイルスの蔓延という事態に対してこそ、国際規模での対策を講じねばならない。スピーディーに実態をつかみ、国際社会に通報し、警告し、各国が協力しての防疫態勢の構築に努めねばならない。

そのために存在する国連専門機関なのだ。つまりはグローバルな対応である。

ところがエチオピア出身のテドロス事務局長の下でＷＨＯが実際にとった言動は、まさにその反対だったのだ。その実態は機能しなかったグローバリズム、有害となったグローバリズムの実例として詳しく報告しておこう。

アメリカが指摘するWHOの罪状

このWHOのそうした欠陥をもっとも鋭く、しかも的確に指摘してきたのは、やはりアメリカだった。アメリカではWHO批判は議会と政府からきわめて広範に、かつ具体的に表明された。その結果、トランプ政権はまずWHOへの資金の供与を打ち切り、さらには二〇二一年にはWHOから脱退する方針を公式に発表した。

では WHOのなにが悪かったのか。本来、果たすべきグローバルな役割をいかに怠ったのか。

アメリカ議会からの指摘を紹介しよう。アメリカ議会ではWHOのテドロス事務局長が中国の意のままに動き、新型コロナウイルス感染について重要な情報を隠したなどとして、その辞任を求める声があいつぐようになった。

同時に同議会では、同事務局長と中国との密着について公式の調査を開始した。

二〇二〇年四月の出来事だった。

マーサ・マクサリ上院議員（共和党　アリゾナ州選出）は上院の会議場で次のように述べた。

・テドロス局長はこのウイルス危機の当初から世界をだまし続けた。中国政府がウイルス感染を隠蔽し続けたことを証する証拠が山のようにあるにもかかわらず、同局長は中国政府の虚偽の主張を繰り返して、中国政府の『透明性』をほめ続けた。
・テドロス局長は、中国政府の同ウイルスが『人から人には移らない』という虚偽の主張をそのまま発信し続けて、その結果、多数の人命を失わせる結果となった。ただちにその責任をとって辞任すべきだ。

テッド・クルーズ上院議員（共和党　テキサス州選出）も、テドロス事務局長とWHO自体の信頼性の欠如を指摘した。そしてその辞任と組織改革を求めて、以下のように発言した。
・WHOは中国共産党の意思に従い、コロナウイルス感染の規模を不当に過小評価し、台湾を組織的に排除し、その結果、全世界の住民の生命を犠牲にしてきた。その責任はテドロス事務局長にある。
・WHOは中国政府の意向のままに機能することによって国際社会全体の信頼を失った。人類の生命や健康を守るという本来の任務を果たさないことを証明した以上、WHOのリーダーシップを根本から改革せねばならない。

一方、アメリカ議会の下院監督改革委員会（委員長・キャロリン・マロニー民主党議員）は四月上旬、テドロス事務局長に書簡を送り、WHOと中国政府の間で新型コロナウイルス感染について交わした文書や通信の開示を公式に要求した。

同書簡はこの要求の理由について次のように述べていた。

・WHOは新型コロナウイルス感染の拡大に対して中国政府が出した虚偽の情報を繰り返して発信し、中国からの圧力によって、感染防止に欠かせない旅行制限などの措置の履行を各国がとることを遅らせた。

・WHOは中国政府のプロパガンダの拡散を助け、ウイルス感染の程度を不当に低く宣伝し、公衆衛生の緊急事態の宣言を遅らせた。

・ここ数ヵ月間のWHO代表の行動と声明をみると、WHOはもはや全世界の公衆衛生上の必要性に適切に対応しておらず、ただ中国政府からの指示をそのまま実行しているとみなさざるをえない。

これでもか、これでもか、だった。アメリカの議員たちはWHOとテドロス・アダノム事務局長への非難をそれこそ雨あられのように浴びせ続けるのだった。その非難で指摘されたWHO側の罪状は、公式に記録にも残されており、事実だといえた。

テドロス氏が外相や保健相を務めたエチオピアは、中国からの経済援助にどっぷりとつかってきた媚中《びちゅう》国家として知られていた。同氏はその媚中国の代表として長年、中国との折衝にあたってきた。そして中国の全面支援を得て、ＷＨＯの事務局長に就任したのだった。

だからグローバリゼーションを象徴し、その国際任務を果たすべき国際機関が中国の手先に成り果てていたのだ。グローバル化というのは、このように特定の国家の特定の意思によって不当に動かされる側面もあるのである。

台湾から叱責されたテドロス事務局長

そのＷＨＯから排除されていたのが台湾だった。グローバル化からの追放と呼ぶこともできた。もちろん中国政府の「一つの中国」の意向を忠実に実行した結果のＷＨＯの動きだった。グローバルな邪悪のウイルスの大感染に対して、グローバルな機関であるはずのＷＨＯが少しでも前向きな役割を果たすならば、中国発のコロナウイルス防止にはなんらかの寄与はできただろう。台湾への支援もできたはずだった。

だがＷＨＯは現実にはそのコロナウイルスの感染を広げるような言動をとった。しかも全世界のすべての国や地域に提供すべきサービスを台湾に対してだけは拒んだのである。

しかし、そのＷＨＯから世界でほぼ唯一排除された台湾が、全世界でももっとも効果のあるコロナウイルス対策を実行したという事実はなんとも皮肉だった。

グローバリゼーションへの幻想が証明されたような展開だった。しかもテドロス事務局長は台湾に対して恥の上塗りといえる言動をとった。四月のことだった。

世界各国の間で、さすがにWHOの台湾排除への非難が高まった。それを受けたような感じでテドロス事務局長が公式の記者会見の場で台湾を逆に非難したのだ。

「私はこの二、三ヵ月間、台湾から人種差別的な人身攻撃を受けてきた」

こんな言葉をはっきりと述べたのだった。周知のようにエチオピア出身のテドロス氏は人種的には黒人である。だから台湾が黒人への人種的な差別や偏見を有し、そのためにテドロス氏への批判を表明するのだという意味の発言だった。

だが実際には、台湾からのテドロス氏への個人レベルでの非難はまずないといってよかった。まして人種差別的なテドロス氏への誹謗というのは、台湾の官民いずれでも記録されていなかった。だから台湾政府の外交部はすぐに声明を発表した。

「台湾は成熟した素養の高い先進民主主義国家であり、WHO事務局長本人に対する人身攻撃を人々に促すことは絶対になく、ましてや人種差別的言論を発表することはありえない」

「テドロス氏は事実確認をせずに、理由なく台湾に対して事実とは異なる非難をし、台湾の政府や人々を深く傷つけた。この中傷行為はきわめて無責任であり、台湾政府はテドロス氏に根拠なき非難の訂正や即時釈明、台湾への謝罪を求める」

台湾側の憤慨の激しさがあふれでる強硬な文言の声明だった。

この後すぐにイギリスで医学を学んでいる台湾人の女子留学生がインターネット動画でテドロス氏への直接の抗議と訴えを切々と述べた。流暢な英語での「驚きと失望」の表明だった。

林薇という台湾名の女子学生の訴えは全世界に波紋を広げ、その動画には数百万単位のアクセスがあった。国際的な軍配は明らかに台湾側に上がったのである。

この台湾の実例は、グローバリゼーションの限界や欠陥を明らかに示していた。同時にコロナウイルスのような大災禍に対しては、個々の国家や自治地域の国民を代表する政府当局こそが全責任をもってあたることが最善という基本を立証したともいえよう。

アメリカにつくのか、中国につくのか

コロナウイルスがパンデミックとなり全世界を襲い、傷つけるという大異変は、当然ながら中国という異端の大国のあり方に改めて光を当てることとなった。

同時に世界の各国にとって中国との対峙《たいじ》が重大な課題となる。

中国とどうつきあうべきか。中国とどんな関係を結ぶべきか。

中国とはやはり距離をおき、ときには対立も辞さない構えをとるべきなのか。

この課題はいわば本書の主要テーマのひとつでもある。

これまでのいくつもの章でコロナウイルス大感染という異様現象にからんで、中華人民共和国という国家がどのような言動をとってきたのかを詳しく報告してきた。いうまでもなく今回の感染は中国から起きた。その中国の特異な対応こそが感染をグローバルに広げた。

中国政府は国際基準に反する重大な有害言動を繰り返しとったのだ。国家としての特異な本質を露呈したともいえる。だから他の諸国にとっては自国の今後の対外的なあり方を考えるとき、そんな特異性を有する中国にどう対処するかがきわめて難儀な課題となる。

どの国にとっても、今後の世界についてとか、国際秩序のあり方を考えるとき、どうしても中華人民共和国という特殊な国家の存在にぶつかる。たとえ実態がどんな国家であれ、大国の中国は顕著な存在感を発揮する。中国が国際社会や国際秩序にも重大な影響を与える世界の主要国家であることに目を閉じてしまうことはできないのだ。

だがコロナウイルス大感染は、その中国がふつうの大国ではないことをいやというほどみせつけたのである。だから他の諸国にとっては、その中国の特殊性への対処法を基本から再考慮することが不可欠となってくるわけだ。

コロナウイルス大感染の過程で明らかとなった事実関係を綿密にたどれば、ふつうの国の場合、今後は中国との交流には慎重な注意を要するという結論が浮かぶだろう。

中国との関係を断つという案は非現実的であっても、交流を深めるとか、友好を進めるというオプションはまず出てこない。それが合理的、理論的な考察の結果だといえよう。

しかし日本を含めてどの国にとっても、その慎重とか警戒とか注意、そしてその結果としての距離をおくという大枠がみえても、なお中国とのかかわりはなんらかの形で保たなければならない。それでも超大国のアメリカは中国との正面対決の姿勢を明確にしてきた。アメリカが期待するのは「全世界の民主主義国家群対中国」という対決の構図である。

だから日本のようなアメリカの同盟諸国にとっては中国との距離の保ち方、交流の度合いの設定の方法はますます難しくなる。

粗雑な表現をあえてすれば、アメリカにつくのか、中国につくのかという課題である。

「一帯一路」がウイルスの経路となった？

そうした屈折した潮流のなかでひとつの指針となるのは、中国の習近平政権が熱心に進めてきた国際構想の「一帯一路」である。「一帯一路」とは、周知のように中国の習近平国家主席が二〇一四年十一月に提唱して始まった中国主体の広域経済圏構想である。

中国版のグローバリゼーションと呼んでもよい。その構想は中国からユーラシア大陸を経由してヨーロッパにつながる陸路の「シルクロード経済ベルト」（一帯）と、中国沿岸部から東南アジア、南アジア、アラビア半島、アフリカ東岸を結ぶ海路の「二十一世紀海上シルクロード」(一路)の二つから成っていた。いずれもその路線に沿う各国との間でインフラストラクチャー整備、貿易促進、資金の流れを促進するという計画だった。

アメリカは当初から、この構想には批判的だった。中国の野望であり、中国式の独裁統治モデルを他の諸国に広げる方策にすぎないという反応だった。アメリカやヨーロッパの一部では、その批判的な基盤のうえに今回のコロナウイルス大感染の大襲来が加わり、この構想に対して改めて厳しい認識が表明されるようになった。

簡単にいえば、「一帯一路」がコロナウイルス感染を速めたという指摘だった。この指摘は中国が中国なりに進めようとしたグローバリゼーションへの非難であり、否定でもあった。この非難や否定は多数の諸国に、とくに国際関係での中国への今後の向きあい方を示したともいえる。

「一帯一路・一ウイルス?」

こんなタイトルの論文がワシントンの論壇で注視を集めた。中国が推進してきた「一帯一路」構想を自由に論じる「一帯一路ニュース(BRN)」という情報サイトに三月末に掲載された論文だった。ヨーロッパのメディアや学界が主体となる同サイトに専門家数人が実名を出さないで書いた論文が、この「一帯一路・一ウイルス?」だった。

その趣旨はイタリア、イラン、パキスタンなど新型コロナウイルスの大規模な感染を受けた諸国は、中国主導のインフラ建設の「一帯一路」に加盟したことが共通項だった点を指摘し、因果関係を説明していた。結果として「一帯一路」がウイルス感染の大きな原因になってしまい、不運にも同じウイルスまでを共有する破目になってしまったという総括だった。

論文のタイトルはその理屈を受けて、一帯一路構想が結局はひとつのウイルスの感染ルートともなっていったという辛辣《しんらつ》な嫌《いや》みをこめていた。アメリカ側でも中国の「一帯一路」をコロナウイルスの国際的な感染に結びつける指摘は多かった。そんな指摘のなかで、イタリアとイランについての報告が目立った。

イタリア、イラン両国とも「一帯一路」の有力参加国だったのだ。イタリアは主要先進国G7のなかでも唯一の「一帯一路」加盟国だった。中国との官民両方のレベルでの交流が急速に拡大していった。その結果だといえるだろう。

イタリアの感染者は当初からものすごい勢いで増えていった。感染者の医療や死者の埋葬さえ十分にできなくなった。社会全体を封鎖しても危機はなかなか去らなかった。

イタリアの前副首相が中国政府の行動は「全人類に対する犯罪」とまで述べた言葉が悲痛な叫びと解されるほど、イタリアの被害は凄惨《せいさん》だった。その原因はどうみても「一帯一路」により、イタリアと中国との間で急速に太くなった絆だった。ウイルスを体内に持つ多数の人間が中国の武漢からイタリア国内に流入してきたのである。

イランの場合も「一帯一路」がウイルス感染の背景として大きな影を広げていた。

イランでのコロナウイルス感染の広がりは国際的にみて異様だった。地理的なへだたりにもかかわらず、早い時期から多数の感染者が報告されたからだ。しかも国自体が閉鎖的な傾向が強かったのだ。中東地域全体でもイランは突出した感染国となった。中国を除く全世界の感染国のなかでもイタリアに次ぐ第三位という時期がかなりあった。

なぜそうなったのか。最大の理由はどうみても「一帯一路」だった。イランもその中国主導の構想にしっかりと参加していた。中国とは「戦略的パートナー」同士だと宣言したほどだったのだ。イランの場合、中国への接近はアメリカに対する敵対関係や国内経済の悪化が主要な理由となっていた。

アメリカに敵視されるという点でイランとの共通項があるという認識は、イラン首脳から再三、表明されていた。

イランのその対中接近の名実ともに核心となった部分が「一帯一路」だったのだ。

このへんの事情をアメリカの政治外交ネット雑誌「フェデラリスト」に三月に掲載された「センテニアル研究所」のヘレン・ローリー研究員の論文が鋭く論評していた。

「イランとイタリアは共産主義の中国との緊密な絆のために莫大な代償を払う」と題する論

文だった。ローリー氏は中国の対外戦略の分析を専門とする中国系米人の学者である。論文のタイトルの「莫大な代償」とは、もちろんコロナウイルス感染による被害を意味していた。ローリー氏は同論文のなかでイランと中国との相互協力では「一帯一路」が核心となったことを次のように説明していた。

・中国にとってとくに重要なのは自国の野心的な構想「一帯一路」でのイランの役割だった。中国が陸上の一大路線として望むアジア大陸を抜け、中東からヨーロッパまで通じることを目指す鉄道ではイランからトルコに通じる路線の建設が致命的に重要だったのだ。

ではイランにとって「一帯一路」に象徴される中国との緊密な絆が、コロナウイルスの感染拡大に具体的にどうつながったのか。

この点はウォールストリート・ジャーナル三月十二日付のイランでの取材に基づく総合的な記事が明確に報告していた。

以下がその点に関する二種類の感染ルートについての記述の骨子だった。

・中国のイランでの「一帯一路」構想は首都テヘランの南百三十キロほどにある人口約百万の都市のゴムを抜けて通る高速鉄道の建設が主眼となった。このゴム地域では中国人の技術者、労働者が多数、居住して鉄道建設に従事していた。そのなかにコロナウイルス感染者がいてイラン側に拡散したとみられる。

ゴムにはイスラム教の聖地とみなされる礼拝施設があり、そこにはイラン全土からの信徒が集まるが、当局はゴム地区でのウイルス感染が明らかとなった二月後半までその宗教集会を停止にしなかったという。同時にゴムでの中国主導の鉄道建設プロジェクトにかかわるイラン側の技術者で中国側との協議のために武漢や北京、上海を出張の形で訪れて、またイランに戻るというケースも多かった。このイラン人技術者たちからも感染者が続出したという。

第二の感染ルートはなんとイラン政府の高官たちがからんでいた。その高官たちの動きも「一帯一路」と密接なかかわりがあった。

ウォールストリート・ジャーナルの同記事は以下のように伝えていた。

・イラン政府は自国内でのウイルス感染が顕著となった二月一日、イランと中国との航空便を禁止した。ただし革命防衛隊とつながりのある「マハン航空」だけは例外とし、中国との往来便の飛行を許した。

・「マハン航空」は二月一日から九日までの間にイラン・中国間で合計八便を飛ばした。それらの便にはイラン政府の高官や国会議員を含む要人が多数、乗っていて、つぎつぎにコロナウイルス感染が確認された。それら要人の往来は「一帯一路」関連の公用のためが多かった。

この記事は驚くような密着ぶりを伝え、その密着こそがイラン側に国会議員二十人以上、閣僚数人の感染者を出した直接の原因だと断じていた。その交流の主要な理由が「一帯一路」だったというのである。

さて以上、コロナウイルスの教訓、そして今後の世界への影響についてグローバリズムの退潮や主権国家の強化、さらには中国の特異性発揮という要因をあげてきた。

その各要因の解説としてEUの連帯の消滅、台湾やベトナムのウイルス阻止の成功、WHOの失態、「一帯一路」によるイタリアやイランの被害、そして中国の特殊性などの実例を報告した。

いわば「点」とも呼べる、これら個別の実例をアメリカの中国に対する対決姿勢の潮流という「線」を参照にして結んでいくと、コロナウイルス後の世界の構図がうっすらにせよ、立体的に形を表すのではないか。

そんな期待をこめながらこの章を終えることとしたい。

第十章
日本は中国にどう対するべきか

「日本は上手に対応した」は大まちがい

日本はどうなるのだろうか。中国の武漢で発生した新型コロナウイルスは、日本にも猛烈な勢いで襲いかかった。そして国家の、社会の、個人の機能をめちゃくちゃにした。日本全体が目にみえない邪悪なウイルスに傷つけられ、痛めつけられた。ごくふつうの日本人が職場へ行けなくなった。学校へも通えなくなった。日本国内でも動けなくなった。もちろん外国へも渡れない。経済活動が停止してしまった。東京オリンピックは延期となった。

人間が人間らしい行動をとれなくなったのだ。他の人間に近づく「密」が危険とされた。だが人間が生きることは本来、「密」なのだ。他の人間と手を結び、力をあわせて活動するからこそ、人間社会の繁栄があり、進歩があるのだ。その自然な人の道が禁じられることが人間集団にどれほどの被害をもたらすか。目にみえる被害、目にみえない被害、いずれも計りしれないのである。

しかし前章でも述べたように、日本の内部には「日本はコロナウイルスをうまく抑えた」という声もある。たしかに感染者の数ではアメリカ、ブラジル、インド、あるいはイタリア、スペインといった諸国にくらべれば、ずっと少ない。日本の感染者は七月下旬の時点で合計二万五千、死者は一千人を超えた。感染者数では全世界で五十七位とされる。

だがこれをもって「日本は上手に対応した」とか「日本は奇跡的にウイルスを克服した」と自画自賛することは、大まちがいである。

日本よりも比較にならないほど、はるかにずっと上手にコロナウイルスの感染を防いだ国や地域があるからだ。しかもそれらの諸国はみな中国に隣接、あるいは至近の距離にある。第九章で紹介したベトナム、モンゴル、台湾などの実例である。

それらの諸国や地域にくらべれば、日本の被害は天文学的な膨大さだった。しかも七月下旬の時点になって日本では、コロナウイルスの第二波とも呼べる再度の感染拡大が始まったのだ。東京での感染例の過去最大の増加は不吉な思いを感じさせる。

日本で最初のコロナウイルス感染者が確認されたのは一月十六日だった。それからちょうど半年、七月の同じ時期までの六ヵ月の時点に立ってふり返り、日本でのコロナウイルス大感染の意味を再考してみよう。これまでの半年の間、日本の国政レベルでの議論をみていて、決定的に欠けるのは、コロナウイルス の発生源である中国への言及だった。

新型コロナウイルスの世界的な拡散は人災である。決して地震や台風や津波のような天災ではないのだ。ウイルス自体は自然に生まれたとしても、それが国際的なパンデミックとなったのは人間の意思と行動の結果だった。

コロナウイルスの危険な存在をすでに知りながら、その存在を隠し、人間の間に広まることを放置し、さらに虚偽の情報までを流したことも特定の人間たちの「意思」だった。

そのウイルスの人間社会での流行を知りながら、「人から人には移らない」と言明して、その流行を大感染へとエスカレートさせたことも特定の人間集団による「意思」の表示だったのである。その意思は本来、善意だったかもしれない。あるいは錯誤や過失だったかもしれない。いずれにしても悪魔のようなウイルスはそのまま自然に放置されず、人間によって運ばれ、巨大な人間集団のなかで広まっていったのだ。

要するにコロナウイルス感染は、特定の人間の意思に基づく行動がなければ、起きなかった現象だった。その意思はほとんどが中国の内部でのことだった。コロナウイルスは中国で発生し、大感染を広げ、日本に襲来したのである。

だから日本での大感染の原因は中国であり、ウイルスが入ってきた感染経路はあくまでも「中国→日本」からなのである。だれにも否定できない簡明きわまる事実だった。

日本国内では新たな感染者が出るたびに、その感染経路が厳しく調査される。感染の拡大や再発を防ぐためには不可欠の作業である。危険なウイルスがどのようにその新規の感染者を襲い、その感染者がさらに他の人間にどのように移すリスクがあるのか。感染の経路の解明は、今後の対策にとって根本的な重要性をもつわけである。

ところが日本国全体へのそもそもの感染経路については、不思議なほど語られないのだ。

中国から日本への感染経路について論じられることがないのである。

この点の日本の実態はアメリカとは決定的に異なる。オーストラリアやイギリスとも異なる。とくに国政レベルで中国に関する沈黙を保つという日本の現状は異端なのである。

中国に忖度する政権とマスコミ

安倍晋三首相は四月七日に緊急事態を宣言した。

ウイルスに襲われた犠牲者を守り、感染の拡大を防ぐことを最大の急務とする措置だった。危機に瀕《ひん》した国民の生命を守り、さらなる感染を阻むことは当然ながら国家の責務である。

だがその責務は医療面だけの努力には終わらない。経済面での救済も欠かせない。さらには自国の国民にこんなむごたらしい災禍がいったいなぜ、起きたのか。ふたたびそのような災禍を防ぐためにはどうすべきか。

こうした諸点の解明も欠かせない。大感染を許した過失を反省し、是正し、そんな災禍を起こさない国づくりに努めることも、国家の責務である。いや国民にとっても必須の課題だろう。

だが日本ではこの面での国家としての対策も、国政での議論も、まったくみられないのである。この対策も議論も、そもそもの原因を生んだ中国という存在に触れなくしては進められない。だがその中国に触れることがないのである。

日本の政府も国会もコロナウイルス感染に関連して「中国」という言葉を出すことは皆無なのだ。タブーというか禁句というか、中国の名を出してはいけないようなのだ。すでに述べてきたように、自国のウイルス感染に関連して、国政レベルで「中国」という国名さえ出さないという国は、全世界でも日本以外にまずないのではないか。そんな印象なのである。

日本にウイルスを伝染させたことへの中国側の責任に対する日本政府、あるいは与党や野党からの公式の場での示唆とか言及を私自身はただの一度も見聞したことがない。

主要の新聞やテレビもほぼ沈黙である。日本では中国から侵入してきたコロナウイルスの大感染をまるで天災のようにみているようなのだ。台風や地震と同様にその現象が起きること自体には、なんの疑問も提起しないという感じなのだ。

この態度は前述のように他の諸国とは対照的に異なるのである。日本ではすでに述べたように、国内でのコロナウイルスの感染経路は厳しく追跡される。だが肝心の国外から国内への感染経路については、その実態が明確になっていても提起されることがない。

日本で最初に確認されたコロナウイルス感染者は、武漢に里帰りして戻った日本在住の中国系の男性だった。前述のように一月十六日の確認だった。

その直後から続いた第二号の感染者、第三、第四、第五号までの感染者たちは、みな武漢から日本に入国した男女だった。第六号として初めて武漢に足を踏み入れたことがない日本人男性の感染が確認された。しかしこの人物は武漢からきた中国人観光団を乗せた観光バスの運転手だった。これほどに「中国・武漢→→日本」というコロナウイルスの伝染経路は明確だったのだ。その第六番目の感染者が出たのは一月二十八日だった。

だが日本政府はウイルス保菌者たちの中国からの流入を止める措置をなにもとらなかったのだ。日本政府は二月一日にやっと、中国の湖北省に滞在していた中国人はじめ外国人の日本への入国を規制すると発表した。だがその「規制」はまったく緩く、実効はなかった。中国からの来訪者はザルを通る水のように、自由自在に日本へ入ってきたのだ。

結局、日本政府が中国からの入国者の全面規制に渋々と踏み切るのは三月以降となった。日本のこうした無防備な対中姿勢は、明らかに安倍晋三政権による中国への遠慮の結果だった。忖度《そんたく》と呼んでもよいだろう。さらに奇妙なことに、その後、日本国内のウイルス感染が急激に増していっても、この中国からの侵入については国政レベルでは議論されなかった。

主要メディアも、だれがみても明らかな最善の防疫方法である発生源からの人間の流れを止める「中国からの入国規制」は可能性としても論じることがなかった。それどころか中国発のウイルスが日本国内を荒らし回り、人的、社会的、経済的にも日本全体が深い傷を負ってもなお、安倍政権は習近平国家主席の国賓招聘《こくひんしょうへい》の計画を進めるという状態だった。

日本のほとんどの主要メディアも、中国の日本に対するウイルス感染の責任にはタブーであるかのように触れなかった。アメリカなどの諸外国で、中国への非難や賠償金請求の動きがあることさえほとんど報じないのだ。

ただしメディアでも総合雑誌や書籍となれば、中国批判はかなり広範だった。日本のジャーナリズム全体では、中国の責任や非を問う報道も主張も存在はするのだと安堵《あんど》させられる。

そしてなによりも日本の社会全体となると、私の見聞では中国批判はきわめて広く厳しいと思う。インターネットの自由な書きこみには、中国非難の意見が洪水のように寄せられているのだ。しかし日本の政府や国会はいまの日本をこれだけ激しく襲うコロナウイルスの発生地の中国の責任に対して、まるで呪文にかかったかのように押し黙ったままなのである。

この態度を保てば、日本がなぜこんな理不尽な国難に襲われたかの客観的な探査ができなくなってしまう。コロナウイルスについて中国に触れることは、今後の日本にとっての「コロナウイルス後の世界で中国とどう接するか」という一大課題とも一体になっている。

その今後の中国との向きあい方についても、日本の国政の舞台では基本からの議論がそもそもまったくないのである。日本にとって経済面での中国との絆も重要である。だがその絆にはさまざまなしがらみがつきまとう。日本の産業界への妨害や威嚇もある。

とはいえ中国の巨大市場の魅力も、サプライチェーンという言葉で象徴される中国の生産拠点としての価値も、日本にとって重要である。

しかしその中国との経済関係も日本は、いまや長期の国家戦略としてはコロナウイルスでの被害を新たにインプットして再考しなければならない。だが議論が起きない。そんな重要な相手の中国について、日本の国政の場では奇妙なほど言及がないのである。民間では一部のニュースメディアがかなり積極的に、綿密に中国についての報道や論評を続けている。

だが官の側での中国論議があまりに少ないのだ。とくにアメリカと比較すると、茫然《ぼうぜん》とするほどの断層が存在する。こうした日米間の断層にさえみえる対中姿勢の相違は、今後それぞれの国の対中政策に大きなギャップを生みかねない。

アメリカは日本に対中強硬策を期待する

アメリカはいまや中国を完全に敵視するようになった。同盟国の日本にも当然、同様の厳しい対中スタンスを期待するだろう。

その際に中国からこれだけの被害を受けても、なんの抗議もできない日本の対中呪縛姿勢はアメリカとの同盟にも必ずや悪影響を及ぼすだろう。この点での実態をよりよく説明するために、アメリカ側の日本への期待の一例を紹介しておこう。

「中国政府が新型コロナウイルス感染を国際的に広めた責任を、日本はアメリカとともに厳しく追及してほしい」

ワントンの大手研究機関の代表がこんな意見を発表した。同研究機関はトランプ大統領が次期駐日大使に任命した人物が所長を務めてきた実績があり、この意見もアメリカの次期日本大使の主張ともなりそうだ。

中国政府の責任の追及を日本にも呼びかけたのはワシントンの有力シンクタンク「ハドソン研究所」の副所長ルイス・リビー氏だった。ハドソン研究所はワシントンの多数の研究機関でも最古に近い伝統を保つ。トランプ政権にもきわめて近い。

ハドソン研究所のケネス・ワインスタイン所長は二〇二〇年三月にトランプ大統領から次

期日本駐在大使に任命された。副所長のリビー氏は同研究所の政策面での中心人物となっており、その意見表明はワインスタイン所長や政権の意向をもたぶんに反映している。

リビー氏は先代ブッシュ政権で国務、国防両省の高官を務め、国家安全保障や対アジア戦略に関与してきた。二代目ブッシュ政権では、大統領補佐官やディック・チェイニー副大統領の首席補佐官として活動した。

リビー氏はワシントンの政治・外交雑誌のナショナル・レビューの五月発売の最新号に「コロナウイルス後の中国と対決するために、われわれはより大きな構図をみすえねばならない」と題する論文を発表して、この意見を述べた。

リビー論文はまず国際的な大感染を許した中国の習近平政権の非を具体的にあげて、批判していた。同論文はまたウイルス問題だけでなく、中国政府がその以前から進めてきた香港や新疆ウイグル自治区での弾圧行為にも国際的な非難が向けられるべきだと強調していた。そのうえでリビー氏はアメリカ政府が中国のウイルスへの対処の錯誤を欧州諸国や日本と一致して追及することを提唱していた。

とくに日本に対しては、トランプ政権が安倍晋三首相の以前の対中姿勢を高く評価したことを指摘して、特別に大きな期待を表明していたのである。

その部分の要旨は次のようだった。

・いまやコロナウイルスはベルリン、パリ、ニューヨーク、そして東京を襲った。アメリカ、ヨーロッパ、そして日本はいずれも中国政府の責任に関して明確な判断を下すことを余儀なくされるにいたった。曖昧な態度は許されない。各国の政治指導者たちは中国に対して断固とした抗議の言動をとらねばならない。

・トランプ政権が二〇一八年に中国政府の不当な行動を非難するペンス副大統領による重要演説を明らかにしたとき、日本の安倍首相はとくに強く賛同を表明した。他の諸国の指導者の多くは下を向いたり、沈黙を保ったり、明らかに中国を恐れて、前向きな態度をとらなかった。だが今回は明確な対応をみせないことの危険性が十分に証明された。

リビー論文は、このように安倍首相へのトランプ政権からの期待の大きさを強調している。とくに日本政府にアメリカと一体になって中国政府の責任への追及や糾弾の言動を頼りにしているという基本線を明示したのだった。

さてこの種のアメリカの期待に日本はどこまで応じられるのか。

その結果は日米同盟の連帯にまで影響を及ぼすだろう。日本のいまの中国についての沈黙が改めて気になるところである。

中国への融和ともうけとれる言動を散見させるようになった安倍政権が果たしてどこまで

このアメリカ側の期待に応じられるのか、その展望は日米同盟の連帯にも影響を及ぼす動向として注目されるわけである。

尖閣諸島への侵入、侵略を続ける中国

コロナウイルスが期せずして明らかにした日本の国会の中国に対する沈黙は、さらに重大な課題を浮きぼりにしていた。

それは中国による尖閣諸島への武力がらみの攻勢だった。

中国はコロナウイルス禍で国力をすっかり弱くした日本の現状につけこむかのように沖縄県石垣市の尖閣諸島に対して侵入、侵略を続けるようになった。

その中国側の侵略行動に日本はなにも自衛の措置をとらない。国会でもだれもこの目前に迫った危機について語らない。政府もただ「遺憾」という声明を繰り返すだけだ。

中国人民解放軍の指揮下にある中国海警局の武装艦艇は四隻の艦隊を組んで、このところ百日間も連続で尖閣周辺の日本の領海や接続水域に侵入してくるのだ。

中国の武装艦艇は日本の領海内で操業中の日本漁船を恫喝し、駆逐した。日本の主権の露骨な侵害だった。しかも軍事力によって尖閣諸島を占拠する姿勢を固めている。

この種の日本の領海への不当な侵入や日本固有の領土である尖閣諸島への絶え間のない軍

事攻勢は日本の主権や独立にかかわる重大な出来事である。国家にとってのその重大な出来事を日本の国会がまったくとりあげないとはいったい、どういうことなのか。

日本の与党、野党政治家たちのこのような中国への態度があらわになったことも、コロナウイルスが原因だった。こんな環境のなかでアメリカ側から重苦しい警告が発せられた。ワシントンの主要研究機関から尖閣諸島の危機にからむ新しい研究報告書が発表されたのだった。日本にとっての現在の情勢が本当に現実の切迫した危機であることを証する報告だった。

危機というよりも国難と呼んだほうが適切だろう。

具体的には中国海軍が日本の海上自衛隊に対し戦闘能力面で大幅な優位に立ち、日本が尖閣諸島を奪取される危険が高まったという衝撃的な報告だった。

コロナウイルス大感染の最中、二〇二〇年五月中旬のことである。

その報告の内容を本書の結びとして詳しく紹介しておこう。

繰り返すが、コロナウイルスの結果、明らかとなった中国という国の異形ぶり、日本への脅威、そして中国のあり方への無反応が現在の日本にとって、どれほどの危機を生んでいるかを説くためである。

この報告の内容は東シナ海での中国の覇権の拡大や日米同盟の危機をも指し示していた。

中国側では米軍を介入させない形の尖閣占拠シナリオが具体的に作成されたというのである。まちがいなく日本の安全保障への切迫した危険の指摘だった。

ワシントンの大手安全保障研究機関「戦略予算評価センター（CSBA）」が作成した「ドラゴン対旭日《きょくじつ》＝日本の海洋パワーに対する中国の見解」と題する調査報告書である。作成はCSBA上級研究員で中国海洋戦略研究の権威トシ・ヨシハラ氏が中心となった。

中国海軍は海上自衛隊の能力を上回った

報告の主体は日本の海上自衛隊と中国の人民解放軍海軍との詳細な戦闘能力の比較だった。中国海軍が海上自衛隊を完全に圧倒する能力をすでに保持した、という結論だった。

ヨシハラ氏は中国側がこうした新戦略情勢の結果、尖閣の軍事占領も米軍の介入なしという可能性を踏まえながら断行できると考えるようになったと指摘していた。同報告書は日中両国の海軍力について「その比較が総合的に算定されることが少ないが、中国はこの五年ほどで海軍力を劇的に増強し、日本に対し大幅な優位を獲得した」と総括していた。

これによると、中国人民解放軍の大規模な海軍増強は二〇一〇年ごろから始まり、習近平政権下でのこの五年ほどで海軍艦艇の総トン数、性能、火力などが画期的に強化された。とくに艦艇装備の垂直発射ミサイル（VLS）の大増強は日本側を圧倒するようになった。

日本の海上自衛隊は、これまでアジアでの主要な海上パワーとしての戦闘力や抑止力を保持してきた。だが現在では中国側に確実に後れをとってしまった。その能力の逆転はインド太平洋での戦後の重要なパワーシフトになるという。同報告書は中国側自身が自国海軍の大増強をどうみて、日本への戦略をどう変えてきたかという点にとくに焦点を合わせ、中国側の研究や資料を基に考察していた。

その結果として同報告書は以下の主要点を指摘していた。

（1）中国側は尖閣諸島奪取でも東シナ海での覇権獲得でも日本を屈服させることは容易になったとみて、軍事力行使の自己抑制を減少させるようになった。

（2）中国側は尖閣占領に関しては日本側を敏速に圧倒して米軍に介入をさせないまま目的を果たすという具体的な計画をすでに作成した。

（3）中国側は日本との全面戦争をも想定し、その場合には中国側の各種ミサイルの威力で日本の防衛を崩壊させるという自信を強めてきた。

同報告書は、中国のこうした海軍力増強と対日軍事戦略強化の背後に尖閣諸島の奪取や東シナ海の覇権確立という中期、長期の戦略目標があることをも指摘していた。

中国の海軍力の驚異的な増強については、米軍との均衡の変化という点での提起は多くても、日本の海洋パワーとの比較はアメリカ側の研究でも少なかった。アジア諸国では最強水準とされてきた日本の海上自衛隊が、いつのまにか中国海軍に完全に追いこされていたという現実の提示が同報告書の意味だといえる。

報告書の具体的な内容の要点をさらに紹介しよう。

中国側優位の象徴的な一例としては、中国海軍の艦艇配備の垂直発射ミサイル・システム（VLS）は二〇〇〇年にはセル（発射口）数で文字どおりゼロだったのが、二〇二〇年には二千基を超えてしまった。同時期の日本側の約千五百基を大幅に上回ったのだ。

対艦ミサイルでは中国側には遠距離到達のVLSが多く、日本側のミサイルが届かない海域からでも地上からでも自由に攻撃できるという。つまり日本と中国の部隊が海上での戦闘状態に入った場合、たがいに遠距離にあっても中国側は日本側艦艇を撃てるVLSを多数保有している。これに対して、日本の海上自衛隊の艦艇には中国側に届くミサイルが一基もないというシナリオが十分に想定されるのだという。

同報告書でとくに懸念を向けたのは、中国側が日本に対して海軍力で優位に立ったことで「自信と誇り」を強め、対日戦略に好戦的な傾向を増してきたという点だった。

ヨシハラ氏は、中国側のこうした新しい傾向の例証として中国側の現役軍人や国防大学、政府系研究機関の専門家たちの実際の報告や論文、政策提言などを引用していた。

その引用する対象には、中国側で海洋戦略や日本の防衛体制の専門家として知られる章明、金永明、廉徳瑰《れんとくかい》ら各氏を含めていた。

ヨシハラ氏はそれら中国側専門家たちに共通する最近の傾向として「中国側では日本との安全保障がらみの紛争は軍事力の行使、あるいは行使の威嚇によって、これまでより容易に解決できるようになったとする思考が強くなった」と指摘していた。

日本にとっても日米同盟にとっても、軍事衝突の危険性が増したという意味である。

同報告書は中国側では尖閣諸島への上陸強行による占拠の作戦もすでに複数、準備しているとしている。その例証として中国海軍から公認されている海軍雑誌「現代艦船」の最近号に、軍事専門家二人による尖閣奪取の詳細なシナリオが掲載されたことを指摘していた。

つまりは尖閣諸島の軍事奪取作戦案である。当然ながら日本にとっては重大な意味がある。

そのシナリオは以下のような内容だった。

①日本の海上保安庁の船が尖閣海域にいる中国海警の艦艇に銃撃を加え、負傷者を出したことに対し、近くにいた中国海軍の056コルベット（江島型近海用護衛艦）が現場に急行し、日本側を攻撃し、被害を与える。

②日中両国が尖閣を中心に戦闘態勢に入り、中国海軍の空母の「遼寧《りょうねい》」主体の機動部隊が日

本側の宮古海峡を通過したのに対して、尖閣防衛に当たたろうとしていた日本側部隊が追跡するが、この中国側の動きは陽動作戦だった。

③日中間の東シナ海での制空権争いが始まる。日本のE2C早期警戒機とF15戦闘機が東シナ海上空で臨戦パトロールを始め、中国側が一方的に宣言した「防空識別圏」内に入り、中国のJ20ステルス戦闘機と戦って撃墜される。

④中国側のロケット軍と空軍が日本の航空戦力主要基地の沖縄の那覇空港に巡航ミサイルの攻撃をかける。続いて多数の弾道ミサイルが発射され、日本側のミサイル防衛の「パトリオット」を無力化し、那覇基地を使用不能とする。中国側は周辺の制空権を二十四時間ほどで確保する。

⑤アメリカ政府は日米安保条約を発動しない。大統領は尖閣をめぐる日中紛争への全面介入はアメリカの基本的な利益には合致しないと判断する。ホワイトハウスは中国に対する一定の経済制裁の警告を発するが、それ以上には中国に対する敵対行動はとらない。

⑥宮古海峡の西側で日本と中国の海軍、空軍の部隊間で激しい砲火のやりとりがあり、中国側はフリゲート艦を撃沈され、艦隊をその海域から撤退させる。だが中国側のＪＨ７Ａ戦闘爆撃機とＳＵ30ＭＫＫ多目的戦闘機が尖閣に向けて上陸用部隊を運ぶ日本側の艦隊をみつけ、対艦巡航ミサイルで「こんごう」型の誘導ミサイル装備護衛艦二隻を沈め、他の一隻を大破して、日本側の尖閣上陸作戦を阻む。

⑦米軍の偵察機がこの日中両部隊の戦闘を遠距離から観察して、中国軍が攻めていない嘉手《かで》納《な》基地へ帰投する。中国はすでにアメリカに嘉手納基地など米軍基地には一切、手を出さないことを誓い、米軍の不介入の言質《げんち》を獲得していた。

⑧日本側は中国軍の尖閣上陸を阻止することに失敗する。中国軍の上陸作戦参加の艦隊を追尾していた日本側の「そうりゅう」型潜水艦も目標を失い、逆に中国の対潜航空機に発見され、撃沈される。日本側は中国の尖閣上陸を必死で阻止しようと中国の沿岸警備用のコルベット艦一隻を沈めるが、大勢を変えられない。結局、戦闘開始から四日間で尖閣諸島は中国人民解放軍に占拠される。

以上が中国側が国内向けにすでに公表した尖閣諸島攻防戦のシナリオだった。

中国の尖閣占拠のシナリオ

日中衝突はこのように始まり、拡大していくが、結局は中国軍が日本の部隊を撃退して、尖閣諸島を占領する。ただしその前に中国側は日本の航空戦力の投入を防ぐため、沖縄の航空自衛隊那覇基地にミサイル攻撃をかけるというのだった。

ここで強調しておくべきことは、このシナリオはあくまでフィクションだという点である。中国軍当局が中国の国民一般向けに、戦意高揚プロパガンダとして作成したシナリオだという含みが当然あるだろう。中国側は日本側もアメリカ側もその内容を読むことを事前に知っていて、あえて発表した「尖閣攻防戦」なのだ。

だがそれでもなお日本側として注視すべき点はいくつもある。なかでもとくに重要なのは中国側が尖閣諸島の攻防で日本との全面戦闘に入っても、なおアメリカが日本支援のために介入してこないだろうと予測する点である。

この「尖閣攻略シナリオ」では中国軍は嘉手納基地など米軍の部隊や施設には一切、手を出さず、米軍も日中衝突には介入しないという想定となっていた。ヨシハラ氏は同報告書のなかで、この点を「中国の危険な誤算」だと指摘していた。中国の日本に対する軍事優位の確立は中国側にこんな想定をも抱かせるという警告でもあった。

同報告書はこの「中国の優位意識」が最近は「中国と日本との軍事衝突では問題なく中国が勝利する」というシナリオを中国側専門家の間で多数、生むようになったと指摘していた。アメリカからみれば、日中戦争ではアメリカが日本の同盟国として日本の支援にあたることは確実視されており、その点を中国側が誤認すれば、戦争の危機はそれだけ高まるという懸念でもあった。

ヨシハラ氏の報告書は、その種の中国側の危険な軍事優位意識の実例として上海社会科学院の軍事専門家の王凱《おうがい》氏が二〇一九年に「艦載武器」という軍事問題雑誌に発表した日中両海洋部隊の衝突の展開についての論文を引用していた。尖閣紛争を原因とする東シナ海での海上戦闘についてだった。同論文の骨子は以下のようだった。

「日本の海上自衛隊艦艇のミサイル防衛システムは中国側の種々のミサイルに対しては防御の効果を発揮できない。中国軍のＹＪ12、ＹＪ１００の両爆撃機からの対艦ミサイル、そして海上艦艇からのＹＳ18ミサイルの攻撃は、その発射基数、スピード、誘導能力などの各面で日本側艦隊を圧倒する。

中国軍は航空力でも早期警戒管制機のＫＪ２０００やＫＪ５００などの電子戦用航空機は日本側の同種の早期警戒管制機よりも一世代以上も性能が高いため、いざ衝突が始まった場合には制空権を簡単に確保できる。その結果、海上での日中間の戦闘でも中国側が一方的に有利となる」

自国の軍事力を過大評価する中国

ヨシハラ氏の報告書によると、中国側ではさらに自国の最近の軍事能力、とくにミサイル戦力を過大に評価する傾向が目立つという。

アメリカ側の推定だと中国の人民解放軍が保有する弾道、巡航などの各種ミサイルは合計二千基ほど、そのうちの千九百基ほどが中距離、短距離のミサイルで、さらにそのなかの多数が日本を射程におさめている。数百基、あるいは一千基ほどが理論的には日本との戦闘で使用できるわけだ。

一方、日本は自国内から中国を直撃できるほどのミサイルはただの一基も保有していない。みずからの防衛力を自縄自縛として抑えつけてきた戦後国家の基本政策の結果である。専守防衛のため、さらには憲法九条のためだといえよう。

だから近代戦でもっとも強烈な威力を発揮するミサイルという分野では日本は中国の相手とはなりえないのである。そのギャップを埋めているのが日米同盟によるアメリカの強大な軍事力、抑止力だといえる。

だがヨシハラ報告書は中国側では日本攻撃想定に際して、このミサイルの威力を強調する論調が目立つようになったと指摘する。

その一例は上海外語大学日中韓協力研究センター所長で日本の防衛体制に詳しい廉徳瑰氏が昨年、中国で公表した論文の記述だったという。同論文の骨子は以下のようだった。

「もし中国と日本との間で通常戦力による大規模な戦闘が起きた場合、中国は確実に日本国内の海空軍事基地をミサイルで攻撃する。在日の米軍基地をも攻撃する。嘉手納、岩国、佐世保、横須賀などは中国軍のミサイルの最優先標的となろう。

こうした大規模なミサイル攻撃は日本の自衛隊の主要基地を全面的に破壊し、米軍の西太平洋の主要拠点を喪失させることとなる。米軍はその結果、グアムやハワイへと最前線を撤退させることを余儀なくされる」

ヨシハラ氏によれば、中国側でこの種の威嚇的で挑戦的な軍事戦略の論文や本が近年、急速に増えてきた。

そんな傾向はアメリカの国家安全保障や軍事政策の担当官たちの間で真剣に受けとめられ、その実効性が分析されているという。つまりどこまでが国内の士気高揚を狙ったプロパガンダなのか、どこからが人民解放軍の真意なのかの識別が難しいということである。

いずれにしても中国海軍の劇的な増強が明白となったこの数年、中国側ではこの種の論文類が増えてきたのだという。

ヨシハラ氏は中国側の最近の自信に満ちた日中戦力比較論については「中国側はその優位の意識があるため日本との尖閣問題などでの折衝で軍事力の行使威迫、あるいは実際の行使への敷居が低くなる。つまり軍事力依存の度合いが高くなる、という危険な効果を招く」と警告していた。

以上、同報告書の内容を精査すればするほど、現在の日本にとっての中国の軍事増強による危機の深刻さが実感をもって迫ってくるのだった。

こんな危機がひたひたと迫る日本にとって、コロナウイルス禍を契機に中国への新たな接し方を探る必要性は、ますます緊急度を増してきたのである。

※トシ・ヨシハラ氏の同論文は『中国海軍VS.海上自衛隊』（仮題）として、二〇二〇年九月にビジネス社より刊行の予定です（ビジネス社編集部）。

著者略歴
古森義久（こもり よしひさ）
産経新聞ワシントン駐在客員特派員。麗澤大学特別教授。東京生まれ。1963（昭和38）年、慶應義塾大学経済学部卒。米国ワシントン大学留学。毎日新聞社会部記者、サイゴン、ワシントン特派員、政治部編集委員を歴任。87年に産経新聞に移り、ロンドン、ワシントン支局長、初代中国総局長、ワシントン駐在編集特別委員兼論説委員を歴任。81~82年、米国カーネギー国際平和財団上級研究員。ベトナム報道でボーン国際記者賞、「ライシャワー核持ち込み発言」報道で日本新聞協会賞、東西冷戦終結報道で日本記者クラブ賞、『ベトナム報道1300日』（講談社）で講談社ノンフィクション賞などを受賞。

著書に、『新型コロナウイルスが世界を滅ぼす』『モンスターと化した韓国の奈落』『米朝首脳会談と中国、そして日本はどうなるのか』『朝日新聞は日本の「宝」である』（ビジネス社）、『ODA幻想 対中国政策の大失態』『憲法が日本を亡ぼす』『米中対決の真実』（海竜社）、『米中新冷戦 偽ニュースとプロパガンダ全内幕』『日中再考』（産経新聞）などがある。

米中激突と日本

2020年9月1日　第1版発行

著　者　古森 義久
発行人　唐津 隆
発行所　株式会社ビジネス社
〒162-0805　東京都新宿区矢来町114番地　神楽坂高橋ビル5階
電話　03(5227)1602（代表）
FAX　03(5227)1603
http://www.business-sha.co.jp

印刷・製本　株式会社光邦
カバーデザイン　中村聡
本文組版　茂呂田剛（エムアンドケイ）
営業担当　山口健志
編集担当　本田朋子

ISBN978-4-8284-2210-7